世界平和とキリスト教の功罪
過去と現在から未来を考える

荒井 献 監修／蓮見博昭・笹尾典代 編

恵泉女学園大学大学院 国際シンポジウム

現代人文社

まえがき

　本書は2003年11月7〜8日、恵泉女学園大学大学院主催により、「世界平和とキリスト教の功罪——過去と現在」を主題として開かれた国際シンポジウムの全記録である。
　このシンポジウムを開催するにあたり、筆者は主宰責任者として、以下のようなシンポジウムの趣旨説明を案内パンフレット上に公にした。

　恵泉女学園大学大学院人文学研究科は、今日の国際社会が直面している紛争、貧困、差別などの諸問題の実態とその解決策を探ることから真の世界平和を考え貢献できる人材を育成することを目的として2001年に設立され、同年、「アジアにおけるジェンダー研究の最前線——戦争、暴力、正義：変革の主体としての女性」をテーマとした大学院開設記念国際シンポジウムを開催し、それに引き続き昨年は「国際刑事裁判所の可能性と課題——紛争下の暴力を裁く国際機関の役割」と題した国際シンポジウムを行ないました。大学院設立3年目を迎えた今年は、その修士課程完成を記念して、前年までの2回の国際シンポジウムの成果を受けつつ、とくにイラクへの武力攻撃を実行したアメリカをめぐる昨今の状況と国際論調を鑑みて、世界平和・戦争に対する宗教、とりわけアメリカと日本をはじめとする主要諸国におけるキリスト教界のこれまでの取り組みを検証すべく国際シンポジウム「世界平和とキリスト教の功罪——過去と現在」を開催することとなりました。
　「戦争の世紀」と呼ばれた20世紀の暴力と抑圧は、いまだ世界各地に深い傷痕を残しつつも、その記憶や証言が隠蔽否認、歪曲、抹消されたまま、今また「新たな戦争の世紀」と呼ばれるこの21世紀に引き継がれようとしています。9・11事件以降のアメリカによるアフガニスタン報復戦争や今回のイラク武力攻撃をめぐっては、その背景に新保守主義の政治勢力と結びついたアメリカ型キリスト教原理主義勢力の影響力拡大がしきりに指摘され、多分に宗教紛争の様相を呈して論じられる昨今ですが、一方ではWCCやローマ教皇庁をはじめとするアメリカ国内外のキリスト教界による一貫した戦争反対と平和維持への表明と活動があったことも事実です。また第二次世界大戦から50年を経てもなお戦争協力時代の権力迎合への意識が残る日本の諸宗教界

では、戦争協力への功罪は未だ一部の宗教者によって問われてきているだけにすぎません。今回の国際シンポジウムでは、アメリカ、日本をはじめドイツや韓国などのキリスト教界が、今日の世界情勢にどのように向かい合い、これからの世界平和の構築にどのように取り組もうとしているのかについて、そのみずからの過去の功罪を問い直しつつ創造的、啓発的な討論を交わすことで、世界平和実現にむけてのキリスト教の可能性と課題を探ることに努めることといたしました。

　以上のようなシンポジウムの趣旨を受けて、第1日目にはハンス ユーゲン・マルクス（南山大学学長）、鈴木伶子（日本キリスト教協議会議長）、野田正彰（京都女子大学現代社会学部教授〔当時〕）の各氏により、それぞれカトリック、プロテスタント、ノン・クリスチャンの立場から「基調講演」が行なわれた。

　第2日目には、これらの講演を批判的に評価したうえで、バーバラ・ブラウン・ジックモンド（同志社大学大学院アメリカ研究科教授〔当時〕）、レスリー・E・バウゾン（フィリピン大学教授）、李仁夏（在日韓国教会名誉牧師）、そして筆者により、それぞれの立場から発題があり、それに続いて、基調講演者・発題者相互間で、またフロアーからの質問に応えて、熱心な討論が続いた。

　本書末尾には、この国際シンポジウムの「まとめ」が、シンポジウム組織委員の一人、蓮見博昭（恵泉女学園大学大学院教授〔当時〕）によって付加・掲載されている。また、「あとがき」を石井摩耶子学長（当時）からいただいた。

　筆者は、延べ200名を超えるシンポジウム参加者から提出されていた、アンケート調査用紙記載の文章などから判断して、このたびの企画が、次の点において高く評価されていることに対し、心から感謝している。すなわち、当シンポジウムの担い手が、それぞれキリスト教の「負の遺産」を十分に踏まえた上で、また非キリスト者による批判に耳を傾けながら、世界平和への道を自己批判的に切り拓こうとしている点においてである。

　一人でも多くの方々が本書をお読みくださり、私どもと共に世界平和への道を切り拓く決意を新たにしていただければ幸いである。

恵泉女学園大学大学院人文学研究科・研究科長（当時）
国際シンポジウム組織委員会・委員長　　荒井　献

目次

まえがき　1

●基調講演

支配する神　仕える神……鈴木 伶子　7
十字架のイエスか、バアルか　8
安定と力を求める罪　9
「戦争責任告白」と現在の状況　11
正義と公平の社会を求めて　12
キリスト教会の取組み　14
一般社会でのキリスト者の役割　17

「正義の戦争」の理論と現代カトリック教会の動向
　　　　　　　　……ハンス ユーゲン・マルクス　20
正戦論の歴史的展開　20
　古代　21
　中世　26
現代の動向　31

戦争における罪の意識をいかに継承するか……野田 正彰　35
戦前の宗教の考え　36
戦後の教団が行ったこと　38
戦後の日本人　40
中国・保山で行われた日本軍による虐殺　42
論理のすり替え　44
感情を失う若者たち　45

エルサレム問題をどう考えるか──質疑応答　48

●国際シンポジウム

キリスト教と女性の平和への貢献……バーバラ・ブラウン・ジックモンド　51
講演者への質問　51
　伝統的なカトリックの正戦論が現在もなぜ有益か　51

キリスト教徒は何をすべきか　53
　　　罪の記憶をどのようにして保たせるのか　54
　私の考え　55
　　　人間の性質についてのキリスト教の見解　55
　　　女性の貢献　56
　　　宗教こそ共同体の力の強化を促す　59

国家主義と宗教──フィリピン共和国におけるキリスト教
　　　　　　　　　　　　……レスリー・E・バウゾン　60
　フィリピンへのキリスト教の伝来　61
　カトリック教会がフィリピンに与えた影響　62
　非キリスト教徒による抵抗　64
　　　キリスト教化されたフィリピンが抱えるジレンマ　65
　　　義賊　66
　　　宗教的千年王国運動　66
　　　革命運動　67
　フィリピンにおける社会的断絶を解消するために　69
　　　イスラム教徒に対するフィリピン社会の見方　69
　　　キリスト教がなすべきこと　71
　多文化多元主義の実現を目指して　72

主題を北東アジアの文脈で考える……李 仁夏　74
　平和とは何か　74
　コンスタンティヌス体制からの自由　75
　北東アジアの平和実現に向けて　76
　講演者へのコメント（上記レジュメに沿って）　77
　　　誰もが参加し持続可能な社会を目指す平和運動へ　77
　　　イラク戦争を支えた論理　79
　　　「悔い改め運動」から始まった潮流　81

キリスト教の功罪と聖書解釈……荒井 献　83
　戦争認否の聖書的典拠　83
　原理主義的解釈　86
　キリスト論的解釈　86
　ナイーブな原理主義的解釈　87
　おわりに　89

講演者への質問　89
　　　　正戦に対して現在はどのような問題が投げかけられているのか　89
　　　　聖書の中に「負の遺産」があることを認められるか　90
　　　　戦後の日本キリスト教会は自らの罪を認めたか　90
　　　　なぜ日本人には罪の意識がないのか　91

討論　91
　　北東アジア和解のために何をすべきか　92
　　質問に対する回答　94
　　　　従軍牧師について　94
　　　　現代的正戦論　95
　　　　戦争を肯定するキリスト者に対して何をするか　97
　　　　弱者の視点を忘れず自らの言葉で考えること　98
　　　　フィリピンのODAについて　99
　　　　日本の権力者が何を考えているか　100
　　　　批判的判断力を育む教育の必要性　102
　　　　問題を整理し社会全体で考えること　104
　　質疑応答　105
　　　　カトリック教会の過ちについて　105
　　　　9・11テロ事件とパールハーバー　106
　　　　ノン・クリスチャンをどう考えるか　108
　　　　戦責告白の主体は誰か　113
　　　　共産主義の罪について　115
　　　　「主こそいくさびと、その名は主」に対するコメント　116
　　　　『心のノート』に対する恵泉女学園大学の責任　119

● まとめ

現代社会におけるキリスト教の役割……蓮見 博昭　121
　　キリスト教の功　121
　　キリスト教の罪　123
　　正戦論について　124
　　感想　126

[資料1]日本基督教団の「決戦下伝道実施要綱」　127
[資料2]「第二次大戦下における日本基督教団の責任についての告白」　130
[資料3]「使徒信条」　131

あとがき　132

● 基調講演

基調講演（2003年11月7日、東京・六本木、国際文化会館）
正面左からハンス ユーゲン・マルクス氏、鈴木伶子氏、野田正彰氏。右端の司会者席
は、挨拶する荒井献大学院研究科長（当時）。

支配する神　仕える神

鈴木 伶子

　私は専門的にキリスト教のことを勉強したわけでもないので、プロテスタントを代表して発言するというようなことはできません。一人の女性の信徒として考えたり経験したりしていることをお話しします。
　私は今日の話の題を「支配する神、仕える神」としました。そのわけは、「キリスト教を信じる」と言うときに、私たちがどのような神理解を持っているか、その内容をもう一度問い直さなくてはならないと思ったからです。

ブッシュ大統領がキリスト教信仰を表明しながらアフガニスタン・イラク攻撃を遂行したことで、一般の人の中から「キリスト教は攻撃的だ」とか「一神教は非寛容だ」という批判が聞かれるようになっています。現在の戦争や紛争は、必ずしもキリスト教の信仰自体によって引き起こされているわけではないと思っています。形のうえでは宗教紛争であっても、実際は政治的・経済的要因があり、それが宗教を利用して争いを起こしている場合が多いと思うのですが、ここではその問題には立ち入りません。

　むしろ、キリスト者である私たちにとっての課題は、自分たちの生き方を「キリスト教を信じる」の一語でくくることができない状況が起きていることです。しばらく前までは、キリスト教というだけでわかりあえるような状況にありました。しかし、今や、ブッシュ大統領がキリスト教信仰を表明して戦争をする、一方、私たちは信仰ゆえに戦争に反対しています。キリスト教というときに、キリスト教の神をどのような神と信じるか、自分の信仰を再点検する必要に迫られていると思うのです。

十字架のイエスか、バアルか

　以前、国連障害者年に世界教会協議会が出版した『神の家族』という本の中で、興味ある言葉に出会いました。それはウルリッヒ・バッハという障害を持つドイツの牧師が、自分が「障害」を持って生きること、神の創造の中で「障害」をどう受け止めるかということを考える論文の中に書いている言葉です。バッハはエルンスト・ケーゼマンの言葉を引きながら、「私たちは、キリスト教の神を信じると言いながら、本当に十字架のイエスを信じているだろうか、むしろ半キリスト教化されたバアルを信じているのではないか」と問いかけています。彼は「農耕神であるバアルは、豊かさと安定を約束する力の神である。一方、主なる神は私たちを荒野へ、十字架へと導く神であり、安定は約束しない。彼は出エジプトの神であり、エジプトの肉鍋から契約へ、富から人間関係へ、安全から確信へ、『持つこと』から『あること』へと導き出す」と述べています。つまり、バアル

のように豊かな収穫、安定した暮らしを約束し、たとえ奴隷ではあっても食べ物がある一応安全な社会を与える神を信じるのか、それとも、荒野の生活、その日の食べ物の保証がなく、神が必要なマナを与え水を湧き出してくださるという信頼にのみすがって生きる、そのような生活へと私たちを導き出す神を信じるのかという問いかけです。言い換えると、私たちが信じる神が、力・安全・安定・富を約束する神なのか、神と人・人と人との信頼関係の回復を約束する神なのかという問いかけです。バッハはこの視点から「障害」の問題に光を与えています。私は、「障害」のことのみならず、正義と平和に関わるすべての領域、さらに、私たちの拠りどころとなる信仰自体で、私たちが十字架のイエスとキリスト教的バアルのどちらを信じているかという問題を突きつけていると思います。

安定と力を求める罪

　イエス・キリストは「私は仕えられるためではなく、仕えるために来た」と語られました。これは驚くべき言葉で、この一言だけでも、私はイエス・キリストが神だと思うのです。人間には、高くなりたい、仕えられたいという気持ちがあります。それに対して、イエス・キリストは仕えるために来たとおっしゃるのです。そして、差別された人の側に立ち、苦しむ人の荷を負われました。その結果、その時代の権力者に妬まれ、反感を持たれ、憎まれ、危険視されて、十字架刑に処せられました。したがって、本来キリスト教は、弱い立場の人、苦しむ人たちとともに生きる福音だったのです。しかし、イエスの死後わずか300年のうちに、キリスト教はローマ帝国の国教になり、それ以来、キリスト教は力と富を持ち、異教や異端とみなすものを排除し殺害してきました。十字軍のときには、異教徒の血が馬の蹄まで達したというほど、大勢のイスラム教徒を殺しました。キリスト教が権力を持ち、自分が正しいと思いながら犯した罪については、カトリック・プロテスタントを超えて、深く反省しなくてはいけないと思います。

　日本でも、後から入ってきた外来宗教、小さな弱い宗教であるキリスト教会

は、その社会的地位を安定させようと努力する過程で、政府に迎合しキリスト教を変節させました。

　その極端な例として挙げられるのは、朝鮮植民地支配下で、不当な支配に抵抗する朝鮮キリスト者を、日本のキリスト教会が抑え、見殺しにしたことです。朝鮮のキリスト教は抵抗の宗教としての色あいを強く持ち、朝鮮キリスト者は抗日運動の先頭に立っていました。そのことを日本のキリスト者はほとんど理解していなかったと思います。私の属すYWCAの機関紙にも、一般社会では朝鮮と日本が仲良くしようとしているのに、キリスト教会ではうまくいかないのはなぜでしょう、嘆かわしいことです、というような文章を日本のキリスト者である会員が書いています。抵抗を続ける朝鮮キリスト者に手を焼いた朝鮮総督府は、皇民化政策の一環として、朝鮮の教会やキリスト教主義学校に神社参拝を強要しました。それは、神のみを礼拝することを重んじている朝鮮キリスト者が受け入れられることではありません。多くの学校が神社参拝拒否のために閉校されました。各教派も強い圧力をかけられ、結局は神社参拝を認めていきます。しかし、あくまで神社参拝拒否を貫いて獄死したキリスト者もいました。なかでも朱基徹（チュキチョル）という牧師は有名です。朝鮮教会の苦しみに対し、日本のキリスト教会は「神社は宗教ではないから参拝してかまわない」と言い、あくまで拒否したいと願う朝鮮キリスト者を見捨てました。実は私が生まれたのは、朝鮮イエス長老教会という、朱基徹牧師も属していた朝鮮最大教派で、神社参拝を最後まで拒否していた教派が、ついに神社参拝受入れを決定した、まさにその日でした。私は永い間、よりによって隣国のキリスト者が血を吐くような辛い思いをした日に生まれたことを悲しく思っていました。ところが、不思議な導きで朱基徹牧師の孫であるという女性との出会いに恵まれ、彼女は私をイエス・キリストによって赦すと言ってくれました。今、彼女は私をオンニ（お姉さん）と呼び、非常に親しくしています。その出会いをきっかけにわかったことは、今でも韓国には、家族が投獄された、拷問されたという生々しい記憶を語る人が大勢いるということです。これは韓国にとどまらず、フィリピンなど他のアジアの国にも言えることです。

日本国内でも神のみを神とするホーリネスが弾圧されたとき、日本基督教団はホーリネスを切り捨てました。自らが「神のみを神とする」という、イエスが一番大事なものとして教えられた教えを破った結果、もう一つの大事な教えである「隣人を愛す」ことも破ることになったのです。神との関係を失ったとき、隣人との関係も失い、自らの安全と引き換えに隣人を死に渡したと言えるでしょう。

「戦争責任告白」と現在の状況

　1967年に日本基督教団が「第二次大戦下における責任告白」を発表したのをはじめとし、戦後50年にあたる1995年までに、ほとんどの日本のキリスト教派が、戦時中に戦争協力をした罪を告白し、近隣諸国に詫び、赦しを求め、新しい関係を築こうとしてきました。それらの告白の文章は、表現はさまざまですが、いずれも心を打つものです。
　しかし、今、日本では、再び軍事化が進み、ナショナリズムが力を振るうようになっています。北朝鮮敵視が強まり、NCCの朝鮮食糧人道支援への献金も最近は減っています。朝鮮援助を大声で言うことも白眼視されるほどです。そういう状況の中で、かつての戦争責任告白の真実さが問われていると思います。あの悔い改めが本心からのものだったのか、神と隣人に罪を詫びた言葉が真実であったかは、日本の教会が、今何をしているか、何を発言しているかによって判断されるでしょう。
　日本キリスト教協議会には、日本基督教団、聖公会、ルーテル、バプテスト連盟、バプテスト同盟、在日大韓キリスト教会という6つの教団と、YM、YW、矯風会など8つのキリスト教団体が加盟しています。日本キリスト教協議会は、9・11の同時多発テロの直後の常議員会で、被害者に対して追悼の意を表すと同時に、それがアフガニスタン攻撃につながらないようにという声明を出しました。ところが、それが日本の全教会に届くかというと、そういう「政治的」発言は教会の問題ではないとされ、受け入れられない傾向があります。残念ながら、多くの教会が、「社会」の問題に背を向け、「信仰」に閉じこもる傾向にあること

は否めません。

　一方、アフガニスタン・イラク攻撃を信仰の問題として受け止めた教会もあります。日本バプテスト連盟という、本来アメリカ南部バプテストの伝道で始まった教派があります。最近、本家の南部バプテストが保守派に乗っ取られ、世界のバプテストと断絶しているようですが、日本バプテスト連盟はきちんと平和への姿勢を出しています。バプテスト連盟が2002年の総会で決議した「平和宣言」は、十戒に則り、第1戒は「主なる神以外の何者をも神としない」、したがって、政治力であれ経済力であれ、いかなる権力にも頭を下げない、と書き、第6戒に「私は殺さない、殺すこともしないし、殺すことに加担しないし、殺すことも認めない」と述べます。バプテストは、総会が決めたことを各個教会が独自に承認する仕組みなのですが、一つ一つの教会がそれに賛成しました。その具体化として、イラク攻撃反対に際して、当時NCC副議長だった吉高叶牧師が抗議の断食をしながら平和への祈りのメッセージを発信し、多くの人がそれに連なりました。また、木村公一牧師がバグダッドでの「人間の盾」となったのも、その実践です。教会が、どのような神を信じるか、福音をどのように信じるかということが、教会のあり方や行動と無縁ではないと思います。

正義と公平の社会を求めて

　平和とは、単に戦争がない状態ではありません。不公平や不公正のある社会では、人は平和に生きることはできません。その意味で、80年代からピース・アンド・ジャスティス、あるいはピース・ウイズ・ジャスティスという言葉で表されるようになっています。ジャスティスと英語で言ったのは、よく正義と訳される日本語だけでは十分ではないと思うからです。ジャスティスには、正しさという意味のほかに公平という意味があります。偏りがないという意味です。すべての人が等しく生きることができる、それがあって平和と言えるということです。一方が富んでいて他方が非常に貧しい、一方は力があって他方は弱い、そういう状態は公平でなく、平和は存在しないということです。

この意味で、今の時代に平和を論じるためには、すさまじい勢いで進む軍事化に反対することと同時に、グローバリゼーションの問題を無視することができません。グローバリゼーションは、地球を一つに結ぶという良い面もありますが、弊害も明らかです。広い地域を思いのままに操る力のあるものはいっそう富み、その力のないものはいっそう貧しくなるという経済格差が広がっています。グローバリゼーションと排他的なナショナリズムはセットになっていることが多く、そのために世界的に経済的格差を生んでいるわけです。日本など先進諸国は、地球規模で活動して富を蓄積しました。しかし、それが極端な富の偏在や抑圧を生み、各地の紛争の原因となっています。人の命を無差別に奪うテロリズムは肯定できませんが、その背後にある人権侵害、貧しさ、抑圧など、極端な不公平や不公正を改善しない限りテロを根絶できないことは、9・11以後のアメリカの例を見ても明らかです。私はパレスチナにも家族同様に親しくしている人たちがいますが、パレスチナは本当に絶望的な状態です。自爆テロが起こるのは、そのようなことをしなくては世界から忘れられるという絶望、憤り、焦りがあるのです。それを改善しなくては、テロは根絶できないと思います。

　今、求められるのは、すべての人に、人権、人道、開発、環境、教育などが保障される安定した社会を作ることです。軍事力による「国家の安全保障」にはもう終わりが来ていて、差別と抑圧のない社会を作る「人間の安全保障」への転換が必要だと言われています。国連難民高等弁務官であった緒方貞子さんも、難民という極限状態に置かれた人を見て、人間の安全保障の確立が急務だと語っておられます。そして、そのような、正義と公平の実現する社会、すべての人が等しく命を守られ、和解のうちに共生できる世界こそ、キリスト教が目指す平和ではないでしょうか。

　ところが、今の社会は非常に不公平です。一例を挙げると、私たちの貯金は、発展途上国に開発援助という名目で貸し付けられました。私もある時期、満期にかなり高い利子がついて喜んだのですが、貸し付けられて巨額の負債を負った国がたくさんあるわけです。返済不可能に陥った国々に対し、世界銀行やIMFは、構造調整プログラムという計画を押し付け、債務返済を優先して国の

予算を立てるよう「指導」しました。そうすると、債務国は福祉や教育の予算を削らざるをえないわけです。その結果「債務死」が起きています。日本のように医者にかかったり予防注射をすることができる国でなら死なないで済むような、簡単な病気で子どもが死んでいます。ウガンダでは、5秒に1人の子どもが「債務死」で死んでいます。

　イギリスの教会が最初に呼びかけ、2000年を目指して活動したジュビリー2000という運動がありました。旧約聖書のヨベルの年にちなみ、紀元2000年を期して最貧国の債務を帳消しにしようという運動でした。私はYWCAでこの運動を展開したのですが、そういうことは経済がわかっていない人の言うことだ、そういうことをしたら世界がめちゃめちゃになると言われました。確かに私は経済のことは知らないのですが、昨年1年の世界の軍事支出7940億ドルに対し、最貧41カ国の債務総額は1690億ドルですから、1年の軍事費の3分の1にも満たない額で最貧国の債務を全部帳消しにできるのです。人を殺すための軍事費を抑えて、債務死という非人間的なことをなくす、そのために努力することが、人類の知恵ではないでしょうか。本気になって取り組めば実現不可能だとは思えません。

　また、労働人口の半数がエイズに罹っている国もあり、ザンビアでは3分の2の子どもが父親をエイズで失うという悲惨な状態ですが、エイズ対策には用いられたのは総額10億ドルに過ぎず、国際的対応は遅れています。

キリスト教会の取組み

　これら「正義と平和」の問題に対し、キリスト教界では、世界的なネットワークを活用した取組みが行われています。9・11以後の攻撃に対して、米国も含む世界の多くの教会が反対の声を上げました。ブッシュ大統領がメソジスト派の信者であることはよく知られていますが、メソジスト教会のビショップたちは、2003年1月頃から、イラク攻撃反対の要請書を持ってホワイトハウスを訪ねています。ビショップというのはメソジストの中では大きな力を持つ人です。ところ

がブッシュ大統領はビショップたちに会うことを拒否しました。そのなかにはアメリカNCC議長の人もいたのですが、ホワイトハウスの前に立ち続けたために、シビル・ディスオビディエンス（公民不服従）という罪で逮捕されました。この罪の場合はだいたい1泊2日くらいで釈放されるのであまり心配しなくてもよいのですが、象徴的事件として日本の新聞にも出ていました。それまでアメリカのキリスト教というとブッシュ大統領のことばかり報道されていたのですが、聖職者のカラーをつけた牧師が手錠をかけられて逮捕される写真が出たことで、アメリカのキリスト者も戦争に反対して闘っていることが社会に知られました。先週も北米の諸教派代表と会いました。メソジスト、ディサイプルス、長老派など多くの伝統的な教派代表がいたのですが、みなイラク戦争反対を表明していました。ただ、彼らは数としては少数なのだと辛そうな顔をしていました。こういう教会の声明などは世界教会協議会のホームページにも載っていますので、ご覧いただければ幸いです。

　また、戦争や災害のあるところには、世界教会協議会と世界ルーテル連盟（WLF）などが組織するACTという団体が素早い救援活動を行っています。WLFは常に紛争の最前線に行って救援活動をするので、NGOの中でも高く評価されています。アジア地域ではアジアキリスト教協議会が弱者の人権のために取り組んでいます。エキュメズム運動という教会の一致を目指す運動は頓挫し、エキュメニズムの冬と言われているそうです。各教派が拠って立つところの教義を変えることは容易ではないのです。しかし、諸教会の宣教・奉仕の面での協力、とくに平和や人権に関する協力は目覚ましく進んでいます。民衆の安全保障という観点から見ると、教会も良い働きをしています。

　先ほどお話しした、2000年をヨベルの年として、アフリカなど最貧国の債務を帳消しにしようというジュビリー2000を最初に呼びかけたのも、イギリスを中心としたヨーロッパのキリスト者でした。日本でも聖公会、YWCAなどが先駆けとなって市民運動を盛り上げ、NCCも参加して、債務帳消しを政府にも要請しました。残念ながら、沖縄サミットを主催した日本政府の無理解のため、その前のケルン・サミットの成果をかえって後退させる結果となりましたが。

政府開発援助（ODA）も日本は額のうえで世界1位になり、多くの開発援助をしていますが、その内容には問題があり、現地の住民の生きる権利を侵害している例が多くあります。フィリピンでも、住民たちは日本のODAをやめてくれと叫んでいます。フィリピンNCCと日本NCCは、協力して開発の問題に取り組もうとしています。

　グローバリゼーションのもう一つの問題は、国境を越えて働く人が急激に増えていることです。貧しいために自国で生きていけない人が他国に働きに行くわけです。現在、世界の移住労働者とその家族は、1億7500万人という膨大な数に上ります。日本の総人口の1.7倍です。

　一例を挙げましょう。インドネシアはイスラム教徒が多い国ですが、スラウェシ島の先端部分にはキリスト者が集中して住んでいます。アジアキリスト教協議会はその地域で総会を開きました。会議を見物に来ていた住民と話をしていましたら、大勢の人が「大洗に行く」と言うのです。茨城県の大洗という漁港で干物作りに従事することがわかりました。私は心配になりました。日本政府はそのような単純労働者に労働ビザを出しません。日本社会が回っていく陰には多くの外国人労働者が単純労働に従事しているのですが、政府はそれを公認していないため、みな不法滞在とされるのです。彼らは「ノープロブレム」と言っていましたが、私は心配をしていました。すると、先日テレビで、大洗のインドネシア人が不法滞在で逮捕されたと報道していました。ニュースではそれ以上わからないので、慌ててインターネットで探しました。すると、大洗に来ていたインドネシア人たちが不法就労で逮捕され、他の人たちも慌てて逃げ出したということがわかりました。同じときに同じようなことがマレーシアでもあったのですが、インドネシア人労働者は帰国するための船賃を持っていないために、子どもを売って船賃にしたと書いてありました。大洗の人たちはどうやって帰国したのでしょうか。日本からですと船賃もたいへん高いのです。インドネシア政府も心配して、各地域に貨物船を派遣して移住労働者を連れ帰ることを検討中とも書いてありました。私は、自分が会い、親しく会話を交わした人たちがそのような目に遭っていることを、他人事とは考えられません。日常的にも、コンクリー

ト打ちとか道路工事とか、ちょっときつい、汚いという仕事では、外国人労働者が働いているのを見かけます。そういう人たちなしには、日本社会は動かないのです。しかし、外国人労働者の置かれた状況は非常に不安定です。

　国連では「移住労働者の権利条約」が制定され、ようやく20カ国の調印を得て発効しましたが、調印したのはいわゆる「送出国」であって、「受入国」の対応は非常に遅れています。こういうなかで日本では、在日大韓教会を中心に、長年外国人登録法で闘ってきた人々が、「住民基本法」制定に向けた活動を進めています。国籍にこだわらず、その地域に住む住民がみな住民として等しい権利を持ち、一緒に地域を作っていこうという内容です。その在日の人たちが、移住労働者に目を向けています。自分たちが日本社会で権利を認められずに苦しんだ、その苦しみを新たに日本に来る外国人労働者に経験させたくないという気持ちから、移住労働者問題に積極的に取り組んでいます。日韓両NCCと在日大韓教会は外登法シンポジウムを過去10回開いてきましたが、現在このシンポジウムでは、移住労働者問題の取組みが重要視され、聖書の寄留者の視点から移住労働者問題の聖書研究をし、運動を報告し、今後の計画立案などを一緒に考えています。

　北朝鮮に対しては、拉致問題を利用する偏狭なナショナリズムのために、国交回復も暗礁に乗り上げ、北朝鮮バッシングが高まっていますが、教会は早くから南北統一を願い、日本での南北キリスト者会議を開いてきました。また、日本NCCは、WCCの協力を得て食糧人道支援を続けており、11月に韓国で開かれる北朝鮮問題を考える宗教者会議では日本からの報告が求められています。

一般社会でのキリスト者の役割

　教会のネットワークのほかに、一般社会でキリスト者の働きとして注目されているのは、「つなぎ」の役目です。日米防衛協力強化に関する新ガイドライン阻止の目的で「平和を実現するキリスト者ネット」が組織され、NCC加盟教会・団

体のみならず、日本キリスト教会、福音主義連合、カトリック正義と平和協議会などが加盟し、教派を超えて平和のために一致して働いています。日本キリスト教会はNCCに加盟していませんが、平和のこと、靖国神社問題には本当に真剣に取り組んでいます。福音主義連合は、かつて戦争責任告白に対して批判的だったのですが、今は、教科書問題をはじめ、有事法制反対の運動にも熱心に取り組んでいます。一昨日も憲法集会があったのですが、福音主義教会の牧師さんが受付で会費集めをしていらっしゃり恐縮しました。「私は、ここは全力を揚げて一生懸命尽くさなくてはならないと思っています」とおっしゃっていました。カトリックも含み、このように広い範囲で、平和への取組みが繰り広げられています。

また、キリスト者だけではなく、仏教者など他宗教者も含み「平和を実現する宗教者ネット」が結成され、他宗教者とも一緒に平和を祈り、行動しています。国会前で、さまざまな宗教者がそれぞれの信仰の言葉で有事法制反対やイラク攻撃反対を訴えるのです。私は諸宗教証し会などと勝手に呼んでいます。築地本願寺蓮華殿で共に祈った経験もあります。浄土真宗のお坊さんの読経、日本山妙法寺のお坊さんの南無妙法蓮華経、イスラムのコーランなど、諸宗教の祈りが捧げられ、私たちキリスト者は聖書を読み、平和の祈りの歌を歌いました。浄土真宗は最高決定機関で有事法制反対を決めています。お経の内容が理解できないので説明していただきましたら、「殺すな、殺させるな、殺すのを見過ごすな」という内容だと教えてくださり、キリスト教の言葉は誰にでもわかる日本語なのでうらやましいと、おっしゃいました。

このキリスト者平和ネットと宗教者平和ネットは、一般の市民団体や組合をつなぐ役割を果たしました。従来、平和運動の中心になってきた労働組合は、今さまざまな上部組織に属し、分断されています。そのため、新ガイドラインや有事法制反対に際し、統一行動を展開できませんでした。有事法制が敷かれれば真っ先に駆り出されるおそれを感じた運輸労働者の方が、NCCを訪ねていらっしゃり、宗教者が呼びかけてくれるのなら、いろいろな組合が一緒に参加できると言うのです。その要望に応え、キリスト者ネットと宗教者ネットが呼

びかけ団体となり、5万人規模の集会開催に成功しました。何回かそのような集会を重ねるうちに、組合の中でも連絡がとれるようになり、独自の集会も呼びかけられるようになっています。キリスト者が自らの利益を求めないことが「つなぎ」の役を可能にしたと評価されました。また、キリスト者は希望を持っているのでありがたいと言われたこともあります。状況が悪くなっても、絶望しない、希望を持っているというのです。キリスト者が、「今・ここ」の現実がすべてではない、歴史は神が導いておられると信じていることが伝わったのでしたら嬉しいです。そのような「言葉」が求められていると思います。

さらに、キリスト者が個人として、人権や平和のNGOのなかで推進力を発揮している例が多いことに気がつきます。これらのNGOは、平和、人権、国際援助など多岐にわたって、弱い立場の人と共生する社会を目指して活動していますが、このなかにキリスト者、とくに女性信徒のリーダーシップが多く見受けられます。これらの人々は、そのグループの中でとくにキリスト教信仰を表明しているわけではないのですが、グループの中で方向性を打ち出し実行に導く大事な役を担っています。これらは、教会としての取組みではありませんし、その数も微々たるものではありますが、今後のキリスト教の宣教の働きとしてもっと注目し、教会が信徒の働きを支え、そのような信徒を育てることを望みます。

世界全体でキリスト教全体が保守化していますし、キリスト者自体が減少しているため、キリスト者の正義と平和への働きは、大きな成果を上げているとは言えません。しかし、今見えているものがどれほど悲観的なものであっても、私たちはそれが最後のものだと思っていません。目に見える成果ではなく、神の目にどう評価されるか、そこまで長期的でなくても、後世、たとえば30年先にどう評価されるか、さらに、日本国内での評価だけではなく、国際的にどう評価されるかを意識しながら活動したいと思っています。歴史は神の支配のもとにあることを信じ、国際的視点と歴史的視点を持ち、支配する神ではなく、自らを低くし仕える者となられた神を信じ、その神に従うものでありたいと願っています。

「正義の戦争」の理論と現代カトリック教会の動向

ハンス ユーゲン・マルクス

　先のイラク戦争が始まろうとしていた2003年3月9日に、昨年のノーベル平和賞を受賞した米国第39代大統領ジミー・カーターは米紙ニューヨーク・タイムズに寄稿し、第43代現職のもとで準備が進められている先制攻撃は「正義の戦争」理論（以下、正戦論）で設けられている規準に見合っていない、と厳しく警告しました。もとより、ノーベル平和賞の受賞は、ブッシュ政権内外の主戦派に反省を促すためであったのでしょう。すでに2002年9月、ブッシュ大統領の国連演説を前に、米国カトリック司教会議の議長ウイルトン・グレゴリーは大統領補佐官コンドレッザ・ライスに書簡を渡し、同様な警告を表明していました。

　実際に、「正義の戦争」ないし「正戦」（bellum iustum）という概念は、カトリック、プロテスタントを問わずキリスト教伝承共通の遺産であり、まさに功績と罪が複雑に絡み合う歴史をたどってきました。第一次世界大戦以来、とりわけカトリック教会において、この概念の使用について警戒もしくは抵抗の声が大きくなっていますが、具体的な戦争への賛否を諮る際にこの概念のもとに論じられてきた諸原則はなおも参考になると思われます。

正戦論の歴史的展開

　正戦という概念自体は古代ローマに由来しますが、中世の正戦論は旧約聖書由来の「聖戦」イスラム教のジハードと重複する部分が多かったのに対して、宗教改革以降の近代の正戦論はもっぱら自然法を根拠としています。

古代

　紀元前7・6世紀以来、イタリア半島の諸国間の対立、係争を処理するための軍事祭官（fetiales）、軍事関係の司祭職が設けられていました*1。軍事祭官が布告する戦争だけが正当な戦争だといった意味で正戦という言葉がローマで通じました。ストア学派は、布告にあたって示された開戦理由（casus bellum）の体系化に取り組み、キケロはストア学派の合意をこうまとめました。

　　争いに決着をつけるため、2つの手段がある。論議を尽くすか、武力を用いるか、である。前者は人間特有のものである。後者は獣のなすところである。したがって、後者に頼るのは前者が通用しない場合に限られねばならない*2。

　このように戦争の不可避性が認められていた一方、あらゆる平和的手段が尽くされてからはじめて戦争が最後の手段として正当な選択肢となる、と古来から力説されてきました。しかしこの最後の手段に訴えるにも、それなりの事由が存在しなければなりません。キケロは、「損なわれた権利の回復、自己防衛、そして同盟国の防衛」の3つを挙げました。とりわけ同盟国の防衛について、「わが国民は同盟者を防衛するため、すでに全地球を支配下においてしまった」*3とローマの拡張政策を皮肉っています。とはいえ、征服者としての姿勢を肯定的に評価しています。

　とりわけ3世紀初頭まで、ローマ帝国に批判的ないしは否定的なキリスト教徒もいたものの（ヨハネ黙示録17、18参照）、主流派は帝国の法秩序や税制などを認めていましたし（ロマ13：1-7参照）、典礼の際に、「皇帝と軍」のために、とりなしの祈りを捧げていました*4。しかし、自らは非暴力の姿勢を貫くのがキリスト教徒の際立った特徴とみなされていたのです。2世紀の中頃、ユスティーノスはイザヤの預言書2章4節の平和に関する預言（イザ2：4-5）に言及しながらキリスト教徒の姿勢をこう説き明かしました。

戦争や、相互の殺戮、また、その他種々多様な悪行を、何のためらいもなく行ってきた私たちは、世界各地で武器を平和の用具に、私たちの剣を鋤に、私たちの槍を農民の道具に変えた。そうして十字架につけられた救済者を通じて、私たちが御父から賜った敬虔、正義、兄弟愛、信仰、希望を耕す[5]。

　半世紀後、テルトゥリアーヌスはキリスト教徒に兵役が2つの理由で許されていないと述べています。つまり、洗礼時のキリストへの忠誠の誓い・サクラメント（sacramentum）が、入隊の際に求められる皇帝への忠誠の誓い（sacramentum）に矛盾することと、隣人愛の掟（出エジプト記20：12；レビ記5：16；マタイ10：37）と武器使用の禁令（マタ26：52）に反することでした[6]。ただし、テルトゥリアーヌスは同じ文脈で現役兵士の入信にも強い反対を表明しました。他方、護教的文脈では、帝国政府、元老院に加えて軍にもたくさんのキリスト教徒がいることを肯定的に取り上げています[7]。しかし初期の教父は、総じてキリスト教徒の兵役に反対していたと見て間違いありません。

　そのため、キリスト教徒はローマ帝国の一種のフリーター、公共の財産を食いつぶす居候で、きれいごとを言っているだけだ、他の人たちがそのために兵役につかなければならないと批判されたのです。これを受けてオリゲネスは、特定の異教祭儀の祭司や寺院の奉仕者も流血による不浄を避けるため兵役が禁じられていることを指摘したうえ、従来の姿勢をこう弁明しました。

　　他の者が戦いに出かけるとき、キリスト教徒は両手を清いままに守り、神に正義の事柄とその防衛者および正当な君主のために祈りをささげる。そうすることによって、まさに祭司や奉仕者として参戦する。……しかも、他の者以上に私たちは皇帝のために戦う。それは神へのとりなしによって、敬虔の特殊部隊を編成することによってである[8]。

　ところが、コンスタンティーノス帝のもとで教会のリーダーである司教たちが帝国高官になり、また4世紀60年代からフン族が帝国の北境と東境に迫り、そ

のため定住地を失ったゴート族がローマ帝国領内に入り込んでくると、従来の姿勢はキリスト教内にも通用しえなくなりました。すでにアルル教会会議（314年）は、脱営兵を破門で処分することを決めましたが[*9]、80年代中頃に、はじめてアンブロシウスは枢要（中心的な）徳を論じる際に、「野蛮人に対して祖国を守る戦闘力」[*10]を正義に伴う義務として取り上げ、旧約時代の前例を枚挙しました。次の提題も中世の教令集に入ったものです。

> 可能なときに、同盟者から不正を遠ざけておかない者は、加害者と同等に有罪である[*11]。

とりわけアウグスティヌスの著作集から多くの引用箇所が中世の教令集に入りました。実際、数十年後に西ローマが没落したように、アウグスティヌスグの時代には帝国の存続すら危うい時代で、戦争の問題に言及する機会もそれなりに増えていました。しかしこうした具体的情勢変遷とは別に、アウグスティヌスは戦争の問題に言及せざるをえない機会が2度ありました。マニ教異端論駁と聖書注解です。

初期キリスト教以上にマニ教は非武力の姿勢を貫き、戦争を悪とみなしましたが、アウグスティヌスはそれに対して行為と意図の区別を導入し、武力行為それ自体ではなく、悪い意図に起因する武力だけが罪だ、悪だと力説しました。

> 人に害を加えようと望むこと、復讐しようという残酷さ、宥和不可能な精神、暴動を起こす野蛮さ、支配しようという欲求、および、これに類似した事柄があるならば、それらは戦争の中で正当に断罪される[*12]。

しかし、以上のような悪意がなくとも、ただ十分な事由だけでは武力行為が正当なものにはなりません。いかなる武力行為であれ、それは正当な権威によって命じられていなければならないのです。その権威は国を司る君主および司令官など、君主の代理人にしかありません。そして、宗教・倫理上の的確性とは

関係なく、宣戦布告が行われた以上、キリスト教徒にも参戦が許されている、とアウグスティヌスは次のように力説します。

> 平和にかなった自然的な秩序は、戦争を行なう際の全権と決定が君主に属することを要求する。……そう命じられた正しい人は、命令が神の掟に反しないことを確実に知るか、そうであるかどうかを確実に知らないかのいずれの場合にも、たとえ神聖冒涜の君主の下であっても、正当に参戦することができる[*13]。

すでに初期のマニ教論駁の際にアウグスティヌスは君主の権威に神のそれを加えました。なぜなら、モーゼやヨシュアなどが神の命令で行った戦争が争点の一つだったからです。とりわけモーゼ五書とヨシュア記の注解にあたって、熟年に達したアウグスティヌスは神の権威とストア学派の正戦論を結び付けました。

ヨシュア記では選ばれた民によるカナンの諸都市の征服、およびその地の取得が物語られており、そのためのすべての戦いが神の命令に帰されています。ある箇所で、神はヨシュアに、エリコの占領に続いてアイの征服と略奪を命じます（ヨシュア記8：1-2参照）。ここで命じられていることは正戦の参戦者にしか許されていないと力説したうえ、アウグスティヌスは古典的となったキリスト教的正戦概念をこう定義します。

> 正戦とは不正を罰するところのものと定義されるのが普通である。すなわち、民族や国がその成員によって不正になされたことを糺すのを怠ったり、不正によって横領したものを返却するのを怠ったりして罰せられるべきであるときに、その不正を罰するのである。（ここまではストア学派の正戦論で、これからは新しいアウグスティヌスの発想）しかし、神によって命じられた戦争も疑いなく正義である。神にはいっさいの不正がなく、誰にも起こるべきことを知っておられる。この戦争において、指揮官や参戦者は自ら戦争行為者

ではなく、まさに奉仕者とみなされるべきである*14。

はじめてアウグスティヌスはこのように神の権威を正戦論に導入し、以上の箇所で、神の命令自体が正戦の十全たる事由であると力説しています。もちろん、アウグスティヌスにとってこうした神が命令する戦争、正戦は、過去の出来事で、しかも聖書の世界に限られていた。この聖書注解にあたってアウグスティヌスは、将来、教会の指導者が、たとえペトロの座につく教皇であっても、神の意志を代弁して侵略戦争を呼びかけるのであろうと予想したような痕跡はありません。

ともかく、どんな事由で戦われようとも、平和回復が目的でなければならないし、その目的にかなった姿勢が当事者に求められていることを、アウグスティヌスはキケロに劣らず、次のように強調しています。

> 戦争が行なわれるがために、平和が求められるのではなく、かえって、平和が手に入れられるようにと戦争が行なわれるのである。それゆえ、戦争をしていても平和をもたらす人でありなさい。そして、あなたが征服している人々を平和の利益にあずからせるように導きなさい*15。

ところが410年8月24日、キリスト教従来の平和称賛姿勢を厳しく問いただすきっかけとなる異変が起きました。アラリクス1世の率いる西ゴート人が「永遠の都」ローマの城壁を破り、略奪は3日間にわたったのです。これは、多くの異教徒の目には、キリスト教がローマで伝来の宗教にとって代わったことに対する天罰と映り、兵役に対するキリスト教側の曖昧な姿勢も厳しく問いただされるようになりました。アフリカ州の帝国高官に送った手紙の中でアウグスティヌスは、洗礼者ヨハネに生活指導を求めた兵士への戒めを手がかりに、こう答えています。

> キリスト教の戒律が戦争自体を断罪するならば、福音書において救いを求

めた者には、武器を捨て、兵役を避けるよう、命じられたに違いない。しかし何と彼らに言われたか。「誰からも金をゆすり取ったり、だまし取ったりするな。自分の給料で満足せよ」(ルカ3：14)。給料で満足せねばならぬ、と命じられた者には兵役が禁じられてはいない*16。

この手紙を書いた頃には、アウグスティヌスはすでにコンスタンティーヌス帝以来アフリカ州のカトリック教会にとって最大問題であったドナトス派の弾圧を、当局に繰り返し要請していました*17。実際この手紙の中でも再び然るべき措置を要求しています。

　意に反して罰せられねばならない人たちに対しても、ある種の好意ある厳格さをもって、多大の罰が与えられねばならない。……と言うのも、無法を働く奔放性から救い出される人は、自らの利益のため打ち負かされる。罪を犯した人たちが幸せであること以上の不幸はない。なぜなら、そのような状態のまま奔放の姿勢が助長され、内なる敵として悪意が強化されるからである*18。

以上の箇所は410年8月のローマ略奪の後に書かれた手紙の中にあり、そこでアウグスティヌスはあの事件をキリスト教の非武力主義のせいとしたアフリカ州総督の批判に応えて、総督が引き合いに出した聖書箇所では自己防衛も刑罰も除外しないことを示しています。

このように、アウグスティヌスはいろいろな機会で異端分裂派弾圧を含めた武力行使について意見を述べました。ここでは具体的な状況に注目しながら、わずか一部を紹介しました。それらが文脈を離れて中世の教令集に入ってから一人歩きをし出したのです。

中世

アウグスティヌス没後40年の476年に西ローマ帝国が没落し、その後の変転

極まりない政治・社会情勢のなか、西方キリスト教のリーダーとして教皇の地位が高まり、その傾向が神聖ローマ帝国の誕生につながりました。もう一方の東ローマ帝国はビザンティン帝国に変身し、イスラム勢力の台頭まで古代と同様の領土を維持しましたが、633年から10年も経ずして中近東とアフリカがイスラム領になり、8世紀に入ってから中世ヨーロッパでムーア人[*19]と呼ばれたイスラム教徒は北西アフリカからイベリア半島に進出し、ちょうどその頃カリフの世襲権を奪ったウマイヤ朝を中心に、765年ゴルドヴァを首都に独立国家を創設しました。一方、イベリア半島の北部にキリスト教的王国ができたが、当初よりレコンキスタ、祖国奪回がこの国の大義でありました。

レコンクィスタはただ正戦だけではなく、まさに「聖なる戦争」とみなされ、歴代教皇からも支持されました。11世紀に入ってから西ヨーロッパではもう一つの類の「聖戦」が話題になっていました。それは、教会の仲介で成立した「神の休戦」(tregua Die)で、たとえば4旬節の間とか、司教の仲介による数カ月あるいは1年の休戦を破った者への戦いでした。その頃になると騎士の道徳も変わり、教会と信仰の仲間を剣で守ることは卓越した義務とみなされるようになりました。当然、その結果いくつもの争い、「私的戦争」が起きました。その正当性をめぐっての議論にイノケンティウス4世の答えが古典的な回答となりました。これはそのままイラク戦争に当てはめることができます。「上長をもたない君主(：ブッシュ大統領)のみが、正しくそう称される戦争を布告することができる。ただし、他の執行権(：国連安保理)が対抗しない者に対して〔のみ〕それを布告することができる」[*20]と。

11世紀後半から12世紀にかけてのもう一つの問題は、神聖ローマ皇帝と教皇の関係でした。皇帝はドイツ諸侯から選ばれてドイツ王になり、教皇から帝冠を受けることによってはじめて帝位に就いたので、双方のバランスをとるのははじめから容易ならぬことでありました。最初は教皇が圧倒的に強い立場にあったのですが、10世紀後半から11世紀前半にかけて、力関係は皇帝に傾き、教皇はすべて帝国本土出身者、ドイツ人でありました。1059年ローマで開かれた教会会議は皇帝の干渉を排除するため、現行の枢機卿団による選出方法を

決議し、その結果、クリュニー修道院を拠点とした改革派がローマ教皇の座を手にしました。聖職売買の廃止に加えて高位聖職者の任命権を、皇帝をはじめ政治統治者から教皇へ移転することが改革の狙いでした。この問題をめぐり叙任権闘争が激しくなるなか、ドイツ王ハインリッヒ4世は、教皇グレゴリオス7世の廃位を宣言するとともに対立教皇を擁立し、1084年の復活祭にペトロ大聖堂でようやく対立教皇の手から帝冠を受けました。2人の教皇を仰ぐ分裂はグレゴリオス7世の死後ウルバヌス2世の時代まで続きました。

その頃、東方ではセルジュク・トルコが着実に勢力を伸ばし、トーリア（現在のトルコ）の半分以上を支配していました。そのため西方側の援助を得ようと、ビザンティン皇帝アレクシオス1世はウルバヌス2世と折衝を開始し、1095年、イタリア・ピアチェンサで開かれた教会会議に使節を送りました。前向きの回答を得たようですが[21]、その年の秋クレルモンで公会議が開かれ、11月27日、ウルバヌス2世は群集で満ち溢れる広場で、東方キリスト教徒の援助と聖地の解放のため、十字軍遠征を呼びかけ、参加者には以前より聖地への巡礼者に与えられた全免償が約束されました[22]。俗に言う免罪符です。すでに説教の途中、「神がこれを望んでおられる」（Deus lo volt）という応援の声が上がると、教皇は即座にこれを鬨の声として提案した、という報告もあります[23]。真偽のほどはわかりませんが、1世紀半にわたってこれが鬨の声であったことは事実です。

現存する資料の中で、ウルバヌス2世の説教はそのまま記録されているとは思えません。しかし、その後十字軍遠征を呼びかけた何世代もの説教家にとって、これが説教指導書の手本だったに違いありません。その中で、まずエルサレムからアンティオキアにおよぶ聖地が救済者の所有地であることが力説され、かつてそこに起こった救いの出来事が想起されたうえ、有名な聖書箇所を巧みに活用しながら、次のように東方キリスト教徒への援助、十字軍遠征が呼びかけられました。長い文ですが、ほとんどすべて聖書箇所の引用です。

　　　最愛の皆さん、神への情熱で武装しよう。各々の腰にしっかり剣を帯びよ

（詩編44：4-5参照）。武具をつけて勇気を出しなさい。わが民と聖所に加えられる災いを目にするくらいなら、戦場で死ぬほうがましです（一マカバイ記3：58-59参照）。神の掟に情熱を燃やす者は私に続きなさい（一マカバイ記2：27参照）。『われらは枷を外し、縄を切って投げ捨てよ』（詩編2：3）。行ってらっしゃい。主は皆さんとともにおられます。仲間殺しのため不法に血で染めた武器の向きを、信徒とキリスト教の敵に変えなさい。窃盗、放火、強奪、殺害などのようなことをやる者は、神の国を決して受け継ぐことはできません（一コリント6：10参照）。神の御心にかなった従順によって、これらを贖いなさい。こうして敬虔な業と諸聖人のとりなしは神の怒りを招いた罪の速やかな免償を皆さんに得させるのです。だから、私は主の名において戒め、かつ罪の許しのために勧めます。エルサレムとその周辺に住むわれらの兄弟と天国の共同相続人——実際に、私たちは皆互いに〔一つの体を形成する〕部分であり（ロマ12：5参照）、神の相続人、しかもキリストと共同の相続人です（ロマ8：17参照）、——の苦しみや痛み（出エジプト記3：14参照）を分かち合い、彼らをあえて自分の支配権や主権のもとに抑えようとしている異教徒のわがままを注意深く抑制し、またキリスト教の名を絶やすことを目指す者の頭と立ち向かいなさい[*24]。

　衣服に十字架を縫いつけることもウルバヌス2世が公会議の席で提案したようです[*25]。その招きは直ちに、しかも、おそらく本人が予想していたよりもはるかに広範囲にわたって応答を得、何万人（6万から12万の報告がある）もの民衆隊とは別に4つの騎士軍団が編成されました。前者はライン地方の諸都市におけるユダヤ人の殺戮で遠征を開始しましたが、目的地に至らず、途中のハンガリーなどで全滅しました。騎士軍団はビザンティン帝国軍とともにアナトリア内部を制圧したうえ、南下しながらアンティオキアやエデッサなどを征服し、1099年7月15日のエルサレム落城とイスラム教徒住民の大殺戮で目的を達成しました。
　このように、多国籍軍の編成に成功し、中世キリスト教徒の夢を実現したの

で、教皇の権威は一気に上がり、皇帝に優ってヨーロッパのリーダーとなりました。しかしウルバヌス2世自身がこれを狙ったとは思えません。誠実に東方キリスト教徒への援助を考えたのでしょう。結果的にビザンティン帝国の存続は確保されましたが、エルサレムからアンティオキアまでの地域は帝国に戻らず、いくつもの西方側の封建領土に分割されました。その後、その保護と救済のため2世紀半にもわたって新たな十字軍遠征が繰り返され、1204年の第4次十字軍によってコンスタンティノポリスが略奪された結果、ビザンティン帝国は衰退の一途をたどることになりました。とくにそのときから、十字軍の理念や名称は、教会を敵から守るという大義で、種々多様な企てに適用されました。この場合の教会の敵とは、アルビー派、カタリ派のような異端の場合もあれば、プロイセン、バルト諸国のような異教徒の場合もありました。そして、1370年以来17世紀に至るまで、どんどん勢力を伸ばし続けていたオスマン・トルコ帝国に対してはヨーロッパそのものを救うという大義もあったのです。とくにこの場合、勝利を祝うべき機会が少なかったことは、信徒の罪と教会指導部の腐敗のせいとみなされ、改革を叫ぶ声が増えました。つまり宗教改革に向けての流れが加速したのです。

　これを功に数えるなら、大衆が「主の殺害の報復」を掲げ、ほとんどの東方遠征を地元のユダヤ人殺戮から開始したことは、カトリック、プロテスタントが共同に負う罪でしょう。もちろん、教会の指導部、ましてや神学者、法律学者はユダヤ人迫害を支持したことはなく、その都度大衆の暴動を防ごうとし、また批判しました。十字軍遠征中に各領内または諸国間の平和維持が、すべての関係者にとって最大の関心事でありました。そこで「神の休戦」をめぐる法規定が増えたのです。いっそうの整備に向けての体系的考察として、フランスの法律学者ピエール・デュボワの「聖地回復論」（1306年頃）[*26]が有名であり、国際法の発展に大きな影響を及ぼしました。また、哲学・神学の分野で古典的になった中世の正戦論をまとめたのはトマス・アクィナスです。大空位時代の1269年頃、トマスは神学大全第2部の2を執筆し、愛という第三の対神徳を論ずる中で戦争の問題を取り扱いました。平和はまさに愛の実りであり、戦争はこれに

対抗する最大の罪である、したがって、正戦の規準が守られている限りにおいて、キリスト教徒の参戦が認められうる、と。トマスはアウグスティヌス以来の規準を以下のように3つにまとめました。

　ある戦争が正しいもの(iustum)であるためには、3つのことが必要となる。第1は、そのひとの命令によって戦争が遂行されるところの、君主の権威がそれである。……第2には、正当な原因が必要とされる。例えば、攻撃されている人達が、何らかの罪のために攻撃を受けるに値するような場合である。……第3に、戦争する人達の意図が正しいことが要求される。すなわち、善を助長するとか、悪を避ける、とかいうことが意図されなくてはならない(神学大全第2部2第40問題第1項)*27。

時間が来たので近代以降はまたの機会に譲りますが、宗教改革家もその正戦論を継承したこと、ただし、宗教のための戦争をルターは認めませんでしたが、カルヴァンは自ら戦死したことからわかるように戦争を認めていたということを指摘し、最後に、現代カトリック教会の動向について述べたいと思います。

現代の動向

　カトリック教会内では、第一次世界大戦は伝統的正戦論を見直す最初のきっかけとなりました。戦争中、ドイツ・バイエルン軍担当司教ミカエル・ファウルハーバーがドイツ側こそ正戦を戦っているとの説教を繰り広げていたことを受けて、フランスのカトリック有識者は『ドイツ戦争とカトリシズム』(1915年)を著し、これにドイツ側が同名の冊子で応戦しました。当時、教皇庁は中立の立場を貫きましたが、第二次世界大戦勃発後、またもドイツ軍担当司教ラフコフスキーが自国に有利な正戦論を展開したところで、教皇庁はヴァチカン放送局を通じて、これを否認しました。しかしなんといっても、諸都市への無差別の空爆、とりわけ広島、長崎への原爆投下が戦争について根本的に考え直す機会

となりました。

　1947年、『教会法教科書』の改訂版の中で、アルフレード・オッタヴィアーニは、現代の戦争は従来の正戦論で想定されていることがらとは、とりわけその破壊規模などにおいて比べものにならず、まったく異質のものである、と力説し、国際法による戦争の全面禁止への合意形成の努力を要請しました。オッタヴィアーニはピウス12世とヨハネ23世両教皇のもとで長期間、検邪聖省（現在、教理聖省）の枢機卿長官を務めましたが、前者は威嚇政策の一環として核武装を容認したのに対して、後者は、今年公布40周年を迎えた回勅『パーチェム・イン・テリス――地上の平和』の中で、「原子時代の今日、侵害された権利を取り戻すために戦争をするということは非合理的なことである」と、防衛戦争にさえその正当性に深刻な疑問を投げかけ、新状況下に国際社会が直面する諸問題を解決するため、「その活動を地球の全域に及ぼすことができる公権」の確立を求め、これを国連が担うべきという合意形成への努力を促しました。

　この路線に沿って第二ヴァティカン公会議は長期目標として、「諸国によって承認され、諸国に対して安全保障と正義の遵守と権利に対する尊敬」を確保すべく、「有効な権限を備えた普遍的公権」（現代世界憲章82）の確立を要請する一方、それまでの間は、「平和的解決のあらゆる手段を講じたうえであれば、政府に対して正当防衛権を拒否することはできない」（現代世界憲章79）と、正戦論の要を再確認します。しかし、手段と結果の釣り合いと軍民区別の原則を次のように再確認するのです。各種化学兵器の使用は「正当防衛の範囲をはるかに越える多大な無差別の破壊をもたらす」（現代世界憲章80）と。

　2002年の秋、米国司教会議に加えて、ドイツとフランスの各司教会議およびヨーロッパ司教会議もそれぞれイラクへの先制攻撃に反対の緊急声明を表し、また、ブッシュ大統領とチェイニー副大統領が所属しているメソジストをはじめ各キリスト教団のリーダーも同様に反対を表明したのは、9・11以降のテロリズムがまったく新しい脅威であり、それなりの対応を余儀なくすることを承知しながらも、当時準備中の対応が2000年以上の歴史に培われた合意を覆し、世界を未曾有の不秩序に戻しかねないと強く警戒していたからでしょう。とくにフラ

ンス司教会議は、先制攻撃はイスラム教世界との緊張拡大へ発展するだろうとの深刻な警戒を発信しました。

*1　F. SINI, op. cit. 64-67参照。リーウィウス（Ab urbe condita I, 32, 1-2）によれば、軍事祭官制は第2代王ヌーマ・ポンピリウスの、キケロ（De re publica II, 17）によれば、第3代王トゥルス・ホスティウスの治世で導入された。「その結果、軍事祭官によって儀礼的に布告されなかった戦争は不正で、かつ不信（iniustum atque inpium）と判断されることとなった」（K. ZIEGLER [ed.], *M. Tullii Ciceronis scripta quae mansuerunt omnia* (Fasc. 39), Leipzig 1969,59-60）。

*2　De officiis I, 11, 34 = C. ATZERT (ed.), *M. Tullii Ciceronis scripta quae mansuerunt omnia*. Fasc. 48, Leipzig 1971, 13. 翻訳については、中務哲郎・高橋宏幸訳『キケロー選集9　哲学II』（岩波書店、1999年）147～148頁参照。

*3　De re republica III, 23, 35 = K. ZIEGLER, op.cit. 98.

*4　1 Clem 60, 4-61; TERTULLIANUS, Apologeticum 30 = CChr.SL 1, 141-142; CYPRIANUS, Ad Demetrianum 20 = CChr.Sl 3A, 47; ARNOBIUS, Adversus nations IV, 36 = CSEL 4, 171. ユダヤ教典礼にもこの慣行があった（エス6：10；一マカ7：33；バル1：11）。

*5　JUSTINUS, Dialogus cum Triphone 110 = CorpAp II/II, 1, 391.

*6　TERTULLIANUS, De corona militis I, 1 = CChr.SL 2, 1056; De idolatria 19 = ibid. 1120.

*7　Apologeticum 37, 4 = CChr.SL 1, 148.

*8　ORIGENES, Contra Celsum VIII, 55. 73 = SC 346.

*9　軍が実質的に警察の役割を果たす平時だけの脱営が禁じられたと解釈する説もあるが、いずれにせよ、キリスト教徒の兵役が前提となっている。

*10　AMBROSIUS, De officiis I, 27, 129 = PL 16, 61 B. この箇所は中世の条令・教令集に入った。ここでは13世紀以来絶大な権威をもっていた『グラティアーヌス教令集』第2部23項（以下→DGと記す）のみを指摘しておく。その際、問題（quaestio）をq.、引用・注解箇所（canon）をc.とする。また、括弧内においては、最新の改訂版（E.FRIEDBERG [ed.], *Corpus Juris Canonici. Pars Prior: Decretum Magistri Gratiani*, Leipzig 1879 [repr. Graz 1959]）の頁数を記す。この場合には→DG q., 3, c. 5 (897)。

*11　De officiis I, 36, 178 = PL 16, 75 D→DG q., 3, c. 5 (897-898).

*12　AUGUSTINUS, Contra Faustum 22, 74 = PL 42, 447→DG q. 1, c. 4 (892). マニ教徒ファウストゥスとの対立の背景、展開についてはD. FITZGERALD (ed.),

Augustin Through the Ages, Grand Rapids-Cambridge 1999, 99, 328-329.629-632.355-356.875-876参照。

*13 Contra Faustum 22, 75 = 448 →DG q. 1, c. 4 (893).

*14 Quaestiones in Heptateuchum 6, 10 = CSEL 28, 428-429 →DG q. 2, c. 2 (894-895).『グラティアーヌス教令集』につながった写本伝承ではこの箇所が手前勝手に引用されていたようである。実際にトマス・アクィナスは『神学大全』第2部2第40問題第1項において異なる読みを引用した(大鹿 一正・大森正樹・小沢考訳『トマス・アクィナス神学大全』第17冊〔創文社、1997年〕81頁)。これもやや不正確である。こうした異読の問題とは別に、すべての写本に共通するiniuria ulciscunturの意味がどう理解されるべきか、も問題になる。動詞に対応する名詞ultioは①些細な被害に対する自制のない復讐、②攻撃に対する防衛、③奪われた財産の回復、④犯罪人の罰、などを指すことができる。アウグスティヌス自身と同様に、グラティアーヌスも一切説明を加えなかった。こうして、非常に曖昧な価値概念が正戦論に入り込んだ。これについては、F.H. RUSSEL, *The Just War in the Middle Ages,* Cambridge 1975, 16-54.65-68参照。

*15 Epistola 189 ad Bonifatium 6 = CSEL 57, 153→DG q. 1, c. 3 (892). 受取人については、A.D. FITZGERALD, op. cit. 308参照。

*16 Epistola 138 ad Marcellinum 15 = CSEL 44, 141→DG q. 1, c. 2 (891-892).

*17 A.D. FITZGERALD, op. cit. 37-38.188-189.218-219参照。

*18 Epistola 138 ad Marcellinum 14 = CSEL 44, 140→DG q. 5, c. 2 (929-930).『グラティアーヌス教令集』において上記箇所の続きが引用されている。

*19 古代ローマ帝国の時代に北西アフリカの原住民(ベルベル)がマウルスと呼ばれたことに由来する名称。7世紀以降、北アフリカのアラブ・イスラム化が進み、ついにアラブ・ベルベル混成のイスラム軍がイベリア半島に進出すると、原住民はこれをムーア人と呼んだ。また、コルドヴァ首長国の時代以来、建築、芸術、詩文学などの分野でアラブ・イスラム文化とキリスト教ラテン文化の交流・融合が起こり、これが「ムーア文化」「ムーア様式」と呼ばれるようになった。

*20 INNOCENTIUS IV, *Apparatus in quinque libros decretalium,* Lyon 1525, 89 = GGB 3, 573. これについては、F.H. RUSSEL, op. cit. 145-147.298-299参照。

*21 Mansi 20, 802E-803A.

*22 3説教の全文が残っている。3番目(PL 151, 571B-574B)はかなり冷静な心情をうかがわせる。一方、2番目(Mansi 20, 824C-826E = PL 151, 565B-568C)は逆に興奮した調子で、もっぱら一般大衆を相手にしている印象を与える。ゆえに、

公会議参加者と一般大衆の混在聴衆に加えて、資料的によく裏づけられている即時の熱狂的反応を前提とするなら、3説教のうち1番目（Mansi 20, 821D-824A = PL 151, 568C-571B）が当日の説教に近いだろう。その後もウルバヌス2世が東方への軍事派遣を呼びかける説教をしたことはよく証明されている（PL 151, 574-582）。しかし、当日の出来事については、半世紀後、最古の資料を残したマームズベリのウィリアムも、1182年頃もう一つの資料を残したテュロスの大司教グリエルムスもウルバヌス2世自身の説教をそのまま記録したというよりは、むしろそれを手本に行われた典型的な遠征推進説教を紹介しているのだろう。

*23 Hefele 5, 231.
*24 Mansi 20, 823B-C = PL 151, 570B-D.
*25 PL 151, 573A.「十字軍遠征」（crociata）という名称ははじめて13世紀に現れた。
*26 J. ter MEULEN, *Der Gedanke der internationalen Organisation in seiner Entwicklung 1300-1800,* Den Haag 1940, 102-106.
*27 ST II-II, q. 40, a. 1 responsio. 大鹿一正・大森正樹・小沢考訳『トマス・アクィナス神学大全』第17冊（創文社、1997年）80～81頁を参考にした。

戦争における罪の意識をいかに継承するか

野田 正彰

　オウム真理教の犯罪に対し、元幹部たちに次々と極刑の一審判決が出ています。2002年6月末には、地下鉄・松本両サリン事件や坂本弁護士一家殺害事件など11事件で26人を殺したとして、新実智光被告（38）に8人目の死刑判決が出ました。弁護側は、首謀者（松本智津夫被告）以外は死刑にならない内乱罪に包摂されるとして死刑の回避を求めましたが、判決は「いずれの事件も個別の動機に基づく独立の犯行」と判定しています。はたしてこのような決めつけでよいのでしょうか。被害を被った市民社会の側に、反省すべきことはない

でしょうか。

　新実被告は「教祖への帰依」を貫き、いかなる反省、悔悟も拒否し、次のように述べました。

　「一殺多生。(殺された者は)最大多数の幸福のためのやむを得ぬ犠牲である」。

　「グル(教祖)の指示であれば、人を殺すことに喜びを感じることができるのが、私の理想の境地である」。

　このような言葉を聞くと、侵略戦争の過去を反省しなかった社会の負債をこの男も払わされたのだと思えます。と言うのは、一殺多生といった考えは、戦前の宗教が最も得意とした非理性的思考だからです。

戦前の宗教の考え

　臨済宗の学僧、市川白弦は、著作『日本ファシズム下の宗教』(著作集4巻、法蔵館)の中で、たとえば曹洞宗の高僧、安谷白雲の次のような言葉を引用しています。

　「大乗の菩薩たる仏弟子は、第一不殺生戒の立場から、如何なる態度をとるべきものであるかというのであります。これは大乗戒の精神が分かった人には、直ちに解答が出来る筈であります。それは勿論殺すのであります。大いに殺すのであります。大いに戦って、敵軍をみなごろしにするのであります。何となれば慈悲心、孝順心を全うせんがためには、善を助け悪を罰しなければならない。但し涙を呑んで殺すのであります。そこに殺して殺さぬ道理があることを見のがしてはならない。若し殺す悪人を殺さず、打つべき敵軍を討たなかったならば、却って慈悲孝順に背くから、殺生戒を破ったことになるのであります。これが大乗戒の特色であります」。

　この文章から孝順(親に仕え逆らわない)という言葉を削除すれば、そのままオウム道場での松本教祖の説法になってしまいます。

　あるいは沢木興道(曹洞宗、1962年より全集が出版され、今も禅の高僧と

尊敬されている）は、「殺しても、殺さんでも不殺生。この不殺生戒は剣を揮う。この不殺生戒は爆弾を投げる。だからこの不殺生戒というものを参究しなければならない。この不殺生戒と言うものを翻訳して、達磨はこれを自性霊妙と言った」と述べています。

日清、日露戦争以降、「慈悲の殺生は菩薩の万行に勝る」、「殺人刀即活人剣」、「悟りにおいては善悪不二」といった宗教的詭弁が溢れました。興道流に言えば、自性霊妙においては、殺生も不殺生も、善も悪も区別がなくなる。ただ純粋な心で人を殺し、自らが死んでいくしかない、行為あるのみと説かれたのです。

禅宗だけでなく、他のほとんどの宗教教団が戦時教学を作りました。植民地としての北海道への布教に熱心だった浄土真宗は、大陸侵略とともに上海、朝鮮、中国東北部へ布教所を広げ、「勅命に絶対随順し奉れ」と皇道真宗を説きました。新実被告が述べる「グルの指示であれば、人を殺すことに喜びを感じる」ことを、根本弥陀の願意としたのです。

今は禅宗関係を挙げましたが、一応、日本キリスト教団の1967年の罪責告白の後、20年経ってから浄土真宗も声明を上げています。しかし、実態はどうか。

たとえば、岩波文庫の『歎異抄』や『教行信証』の編集者は、真宗大谷派、東本願寺派の学僧であった金子大栄です。金子大栄は1940年代に何を言っていたか、紹介をいたします。やっと本願寺の倉庫から見つけた本ですが、1940年代に本願寺の僧侶を集めて、『聖宝の開顕』（1942年）という本を出しております。今日も東西本願寺の『聖典録』に「17条の憲法」が入っておりますが、彼は「17条の憲法がある意味においては日本の仏道である。ここに神道の一部として仏法を崇めてゆく道が成り立つ」と言っている。これをまとめると「神道・仏智・和国を成す」と要約することができる。目茶苦茶ですがそう言っているわけです。神道と仏と日本が一緒になっているんだ、続けて和とはみんなが仲良くすることではない、と述べています。2人なれば2人力、5人なれば5人力ということではない、と言っております。この謎を解いてみてください。

「あの男が一人いなかったら能率が上がるという場合には、その一人を減ずることによって能率が上がる。5から1を引くと8人力ということになるかも知れん。それが和である。わが国における和にはこのような強みがなければならぬ。和は上下の秩序の原理であり、これに根拠を与えるものは仏法である。この原理による厳正差別の国こそ日本に他ならない」と言っています。「和をもって尊しとする」の解釈はこういうふうにもなるんです。人間の頭というのはよくできており、なんとでも解釈は可能です。

　これは八紘一宇の思想にもつながります。従わない者を外したら東亜は強くなる。厳正差別の国が和である。そして「事実の上から見ると日本は神々に生んでもらった国であり、神々の御育てによってできた国である。神なければ日本の国民なく、神なければ日本の国土もない」と言って、そこで「この国はどこまでも陛下の国である。天皇ましまさずば、われわれの存在はない」と教える。こうして天皇の道が確立された以上、「仏法は別にいらない。肇国の精神（古い言葉ですが、天照大神からの神話的建国をさします。）の上にあらゆるものを備えている。皇国の道というものが、すなわちわれわれの遵守すべきものである。仏の教えというものはそれの縁になるだけである」と言っています。こうして、国体即宗教であり、「仏教に関する限り、宗教という名前は国体のほうへ差し上げてもよい」と言っています。仏教もキリスト教もマスコミもあらゆる組織は、日本のファシズム、軍部に強制されて協力したという言い訳をしていますが、これはどう読んでも協力ではありません。棄教です。仏法はいらない。天皇様にお返しすると言っているわけですから、棄教です。そして、国体を信じ「安心して戦い、安心して働き、安心してまつりごとを執り、安心して教壇に立つ」。これが真宗信徒としての獲得、「法が身につく」ことである、と言っております。

戦後の教団が行ったこと

　ここまで言った人が、敗戦の8月15日の数日後には、『中外日報』という8月27日付仏教新聞に、こんなふうに書いています。「懺悔の時、正に到れり。我

等国民はいまや懺悔の情に沈ましめられている。如何にお詫びを申上げるべきか、会う人毎の言葉であり、何とも申訳ありませんとは、互いの通信に見る文字である。後悔は人間の知識に属し、懺悔は大御心に感じて表れし、純情を体とするものである。それ故に、後悔なき者にも懺悔はなきを得ぬであろう。我等の懺悔は此の父母の忠誠に対するものであり、またそれ故に、その祖先の精神こそ懺悔の心において伝持されるものであろう。而してその精神の伝持が向後の国民の親和を増進するものならば、それこそは禍を転じて福とするものとなるのでこうして、世界各国いずれも平和を願わぬものが無いにも拘らず、何故に戦わねばならぬであろうか。我等は人間生活に於ける深き宿業の懺悔なしには、平和はあり得ないことを思わざるを得ぬものである」と、このように言っているわけです。

　これが私たちが典型的にたどった日本の転換であったと思われます。ほとんどの教団は自主的に侵略を煽っておきながら、「軍部の圧力の下で戦争に加担した」程度の反省で済ましています。新実被告は、浄土真宗の信仰の厚い愛知県岡崎で育ちました。もし彼が本当の宗教教育を受け、近代社会で宗教団体がどのように機能してきたかを具体的に知っていれば、一殺多生、グルへの絶対帰依などをおかしいと思えたのではないでしょうか。社会、宗教者、教育者が仏教と戦争責任について調べ、伝えてこなかったことの反省が求められています。

　キリスト教団においても事情は同じでした。神社参拝を強要され、それを受け入れると、プロテスタント各教団は「日本基督教団」として一つに統合が強制されました。こうして天皇制軍国主義の思想宣伝組織になった教団は、アジアのキリスト教徒に対して、「わが日本の国体の尊厳無比なるゆえんを説き、日本の大東亜共栄に関する理想抱負を明らかにし、次いで日本キリスト教の確立、日本基督教団の成立を報じると共に、信望愛を同じくするキリスト教徒に対して慰安、奨励、提携の哀情を吐露する書翰」（1943年6月15日付教団時報）を送りました。そこでは、「全世界をまことに指導し救済しうるものは、世界に冠絶せる万邦無比なるわが日本の国体であるという事実を、信仰によって判断し

つつわれらに信頼せられんことを」と述べています（[資料1]参照）。

　敗戦から12年を経て、1967年3月26日、ようやく日本基督教団は、総会議長・鈴木正久の名のもとに「第二次大戦下における日本基督教団の責任についての告白」を行いました（[資料2]参照）。

　「世の光」「地の塩」である教会は、あの戦争に同調すべきではありませんでした。まさに国を愛する故にこそ、キリスト者の良心的判断によって、祖国の歩みに対し正しい判断をなすべきでありました。しかるにわたくしどもは、教団の名において、あの戦争を是認し、支持し、その勝利のために祈り努めることを、内外にむかって声明いたしました。まことにわたくしどもの祖国が罪を犯したとき、わたくしどもの教会もまたその罪におちいりました。わたくしどもは「見張り」の使命をないがしろにいたしました。心の深い痛みをもって、この罪を懺悔し、主にゆるしを願うとともに、世界の、ことにアジアの諸国、そこにある教会と兄弟姉妹、またわが国の同胞にこころからのゆるしを請う次第であります。

　しかし、この告白は議長名で行われただけであり、キリスト者一人一人の反省へ拡がっていったとは言えません。この告白においても、「まさに国を愛する故にこそ」という国家主義の残滓を含む弁明から始めています。またその後、キリスト者が戦争犯罪の歴史を詳しく学んでいったわけでもありませんでした。日本国民一般の否認と健忘を、キリスト者の多くも仏教者の多くも共にしているのです。老いと共に今起きていることへの記銘力は衰え、代わりに幼いことの記憶が浮かび上がってきます。ただし遠い昔の追想は断片的であり、今の感情によって歪められます。

戦後の日本人

　天皇制を強化し戦争を拡大していった指導層による、侵略戦争への頑なな

否認や沈黙が老衰していった後、戦争時に青年期を送った世代から再び「侵略戦争の否認」や「南京虐殺事件はでっちあげ」の発言が続き、防衛力強化と改憲の主張へつながっています。1990年代だけでも、このような発言をあえて行い、任期途中で辞任した大臣は少なくありません。93年12月、中西啓介(防衛)の改憲発言、94年5月、永野茂門(法務)の「南京事件はでっちあげ」、同8月、桜井新(環境)の「侵略戦争の意図はなかった」、95年11月、江藤隆美(総務)の日本植民地政策の肯定的発言などが問題となり、辞任しました。石原慎太郎は反米ナショナリズムから侵略戦争否認の発言を繰り返しており、そんな彼を東京都民は知事に選び続けています。2000年5月の森首相の「神の国」発言もあります。今年5月には、麻生太郎・自民党政調会長による「創氏改名は、当時の朝鮮人が望んだ」という発言もありました。これらの発言者には、そしてこれらの発言に同調する少なからぬ日本人には、記憶の欠損があるのではないでしょうか。

　戦争拡大を導いていった事件のほとんどは、偽って報道されるか、隠されてきました。それゆえに直接の当事者や最上層の政策決定者ですら、全経過を十分に知りませんでした。柳条湖事件(満州事変の始まり)は中国兵のしわざであり、関東軍は機敏に反撃し北大営から奉天まで占領したと国民は信じていました。蘆溝橋事件(日中開戦)はあくまで中国軍が攻撃してきたものとされ、満州占領後、恐喝によって北京郊外まで日本軍を駐屯させ、そのため中国人の反日ナショナリズムがいかに高揚していたか、国民は知らされていませんでした。南京虐殺、細菌戦、ガス戦、従軍慰安婦など、何も知りませんでした。東京での戦犯裁判で少しは知りましたが、戦後も多くは隠されてきました。戦後世代も15年戦争を体系的に学んでいません。

　それでは、自分の生きてきた年月について記憶の欠損や偽造がまだら状に残るとき、人はどのように過去を繕うのでしょうか。私たちは一つの流れを持つ人生の物語を持とうとします。そのため、敗戦からしばらくして知った日本軍の残虐行為については、当初驚いたものの、まもなく忘れてしまいました。しばらくして忘れてしまうことを「後発健忘」と言います。また、選択的に不快な体験の

みを忘れることを「ヒステリー性健忘」と呼びます。戦後の日本人は、この後発健忘とヒステリー性健忘をよく使ってきたようです。

あるいは後から知った、年月の経過を伴わない断片的知識は、後日、都合よく利用されて「作話」されます。記憶の欠落は自己不信をもたらすので、必ず作話された追想で埋められます。「こんな悪いこともしている」「あれもした」と言われれば、そのような国家を支持してきた者として記憶の空白に当惑し、物語を作るのです。

戦争時に青年期を送った者が記憶の欠損を「当惑作話」で補ってきた後、さらに戦争を知らない世代の一部から、英米と戦った英雄的行為を創作する「空想作話」さえ現れています。

こうして日本人の多くは、戦争の記憶の欠損を後発健忘や作話で埋めながら、被害国の人々に対しては、世代が変われば過去は忘却されていくに違いないと思い込んでいます。しかしもちろん、加害者が事実を忘れても、被害者は事実と感情を忘れはしません。

こういった状況のなかで、もう一度、被害国と加害の私たちの社会の差がどれくらい大きいかをいろいろな角度から知らないといけないと思います。

中国・保山で行われた日本軍による虐殺

私が今日持ってきたのは、雲南の南部、ビルマの北で行われた日本人の虐殺と日本の軍人たちの動きです。

私もある程度戦争の知識はあるつもりですが、時々「えっ、こんなことが」と驚くことが多くあります。たとえば、雲南の南の保山という地域で起こったできごとです。1940年ぐらいから徹底した無差別爆撃が行われ、ビルマに侵攻した日本軍は42年から雲南に入り込んですさまじい虐殺を行ったことをご存じの方が何人おられるでしょうか。私は1987年に雲南に行き、雲南の人たちから、私が日本人であることに対しての非常に強い拒絶の姿勢を感じて、自分で調べて知りました。そこでは徹底した爆撃が行われ、数万の死者を出しておりますし、

ペストも蔓延させております。証拠はありませんけれども、ここでもペスト戦が行われたのではないかと言われております。この地域の人たちは、人が見ている前で娘が輪姦されて殺されていったとか、そういった記録をずっと残しています。

　これに対して、日本では、「全ビルマ戦友団体連絡協議会」が作られ、80年代から再三、中国政府に対して戦友たちの遺骨を雲南地域でも拾わせてほしいと要請してきましたが、中国政府からは拒否されていました。住民の感情が許さない、という理由からです。そして、90年になってようやく、この団体の人たちは雲南地域に入ることができたとき、当時入った日本の老人たちは、戦争は終わったんだから、自分たちも被害者なんだから遺骨を拾わせてほしいと言いましたが、地域の人たちからは拒否をされました。あなたたちが何をやったのか、と。この代表団の人は、「戦争の是非はともかくとして（これは私たちがよく使う言葉です）、当時、国家存亡の危機があって身をもって国難に殉じた戦友たちの真の姿は気高くも尊いものであった」、「そしてわれわれの戦いは敵将・蒋介石総統がわが龍兵団の戦闘を激賞して、わが日本軍を範とすべき、と中国全軍に布告した」と書いています。

　ある代表団の一人は「保山を爆撃したことは事実であろうが、2万人死んだというのは中国人の"白髪三千丈"の類か。とか現在の中国人は徹底した抗日思想をたたき込まれているので、いまだに日本人に反感を持っている。だから戦死した日本人の慰霊はまかりならぬという、一般の死者の霊を弔うのとは違うらしい。仕方のないことであるが、わりきれない」と書いています。

　そういった人たちが現地に行って、いかにひどいことをやったか、という記憶を醒まされていきます。自分の娘がこうやって殺されていったとか、ペストで村全体が消されていったとか言われます。そこで彼らは少しずつ変わっていきます。日本国は罪を償って、住民の心を和らげることが大切である、そうでない限り私たちは遺骨を拾うこともできない、と。こうして彼らは、学校の再建のお金と壊れたお寺の再建のための寄進を考えました。骨を拾うためにも何かしないといけないと考えるのです。しかしこの程度でした。中国保山の人たちは、彼ら

戦争における罪の意識をいかに継承するか　43

が持っていったお金を受け取りませんでした。

　一例を挙げましたけれども、いかに加害と被害の記憶の差は大きいかは、あらゆる地域について言えます。

論理のすり替え

　こういったことを日本人はほとんど考えずに生きています。なぜこういうことを考えないままいられるのか。それは、個人における感情のあり方を、集団の感情ということにすり変えていくことに巧みな社会を作ってきたからではないでしょうか。個人としては、社会を維持するために人を殺すな、物を盗むな、火をつけるなとか、そういった道徳は社会が成り立つため、基本的に身につけています。戦争はそういった自然状態における人間の感情をイデオロギー的に作り変え、相手が悪いんだから殺さないと自分たちも生きていけない、と作り変えていきます。

　しかし、民衆の持っている戦争のイメージというものがあります。相手が武装していて、戦場で自分も武装して戦うのが戦争である、これは日本の表向きの兵士たちの戦争観であります。そして、そこで勝てば賠償を要求するとか領土を広げる式の発想を、近代の日本兵はしてきたわけです。

　しかし、行った先での戦争はそうではありません。侵略を行うわけですから、そこでは多くの敵に囲まれています。その敵に対して不安になって、武装していない人間を殺していきます。個を確立しようとしている社会だったら、精神的に解体します。しかし、日本の社会はその解体を許さない。あれはみんなでやったんだから、天皇の命令の下にやったんだから、自分は関係ないというふうに説明していく。

　先ほどの金子大栄もそうです。みんなでやったんだから、みんなで懺悔すればいいんだとなってしまいます。あの懺悔は天皇に向けての懺悔です。そういう形での集団の感情という形にすり替えていくことが、日本で近代においてずっと行われてきたのです。

挙げればきりがないのですが、第二国立墓園の設置についての案が出ました。その動きに対して真宗の本願寺派は賛成する姿勢を示しています。プロテスタントもカソリックも共に賛成の姿勢を示している人が多くおります。

　たとえばプロテスタントの人たちも加わって作った『戦争と追悼』という本が出ましたが、その序文には「悲しみの空間を作ろうと呼びかけあって、追悼するだけの施設があってもいいではないか、そうでなければ生者が事実や亡霊に迷いかねないと思うからだ」と書いてあります。「特定の宗教や組織と関わりたくない人たちは、どこへ行けばいいのか」と主張しながら、新しい国立墓園を作ろうという呼びかけをしています。

　そこでICNの稲垣さんはこんなふうに言っています。私と国家との間には「公」が必要であり、公共性から追悼施設が必要である、と。なぜ集団である国家、国民が人を追悼するのか、という問題がここではスポッと抜けております。悲しむというのは行為であり個人がすることであります。悲しみといって名詞化されたときに、そこに容易に集団の悲しみが出てくる、レトリックが作られているわけで、こういう形で「公」を使いながら、ごちゃまぜにして集団の力に変えていこうとするのです。

　あるいはカソリックの動きを見ると、現在の教育基本法の改正に対して、カソリックのリーダーたちがかなりの大きな役割を果たしています。京都のノートルダム女子大の学長である梶田叡一氏は、盛んに教育基本法に宗教教育を入れるようにと主張しております。

感情を失う若者たち

　こういった人たちは、過去に自分たちがやってきたことが何だったのかについて、ほとんど無自覚なのだと思います。いかに無自覚か、例を挙げてみます。

　これは、福岡における愛国心の点数化の通知表の原本です。6年生の通知表に「国を愛しているか」という項目があり、点数を5点でつけます。「中国が攻めて来たときに戦った竹崎という武士を知っているか」とか、知っていると5が

つくということです。なんとこの通知表の表のカットは神社です。これは戦前の神社参拝に関わるカットを、そのまま意図的に使ったのかもしれません。

　こういったことがあらゆるところで行われています。教育基本法に宗教教育を入れろと、盛んにいろいろな宗教団体の人たちが動きを示しておりますが、そういった宗教心はいったい、どういう方向に使われるでしょうか。今度、文部大臣になった河村建夫氏は教育基本法の改正の中心人物であります。彼が宗教とか道徳を入れないといけないと主張し、崇高なるものへの敬虔さを持つことが社会を成り立せるのに基本的に必要なんだということを言っています。これはすべて過去の思考につながっていきます。中教審の文章には、自然科学の学習についても同じことが書いてあります。自然現象を勉強しながら、最終的には自然の中に崇高なものを感じないといけないと言っている。

　これはインチキ・アニミズムです。そういったことが公然と国家による教育の中に入ってきているのです。その延長にはキリスト教も仏教も全部一緒にして、万の神となり、その上に天皇がいるという国家神道の歴史を暗示しています。1、2年後に宗教道徳の教科書も作ろうとしています。現在、道徳の教科書『心のノート』を作った河合隼雄氏は、次には宗教の教科書を高校生向けに作るんだということを自民党の部会の講演で言っておりますから、そういう形で出てきます。

　そういう動きとカソリックのリーダーが歯車を合わせながら進めているのです。こういう動きはあらゆるところにあります。個々の学生たちを見ていても、戦後の社会が音を立てて変わっているということを感じますが、最後のまとめとしてこんなエピソードで終えましょう。

　京大で行った学部生と大学院生の総合講座で、私の著書『戦争と罪責』を読んできてもらって、授業の始めに感想文を書いてもらったときに、ある学生はこう書いてきました。

　「私は日本型優等生として生きてきた。親の言うことをよく聞き、先生に褒められるようなことを進んでやり、成績もよく、悪いことには手を出さなかった。先生や親の前での発言はいつも、いかに褒められるかを意識し、彼らの期待通

りに振る舞った。一生懸命勉強し、京都大学に合格した。大学に入ってからの考え方も以前とそれほど変わらない。レポートに課題が出れば、教授の考え方への賛辞を述べる。授業中に教授から質問されれば、必死に教授が期待する答え、正答を探す。私は今まで自分で考えたことはあったのだろうか。この本を読んで痛切にそう感じた」。反省しているなと思って私は読んでおりました。「自分はこういった本を読んでいると、自分のような日本的な優等生が犯した残虐性は、読み進めるのに非常な努力を必要とするものだった。自分のような人間が世の中に生きていること自体が悪なのではないか、とさえ思った」。

しかし、次の行では、戦争末期に中国の農民を医療のための練習台にして生体解剖をしていたという記述について、「手術実習に中国人捕虜を使った、という1節があったが、それを読んで私はうっすらとではあるが、便利でいいと感じた」と書いているのです。「便利でいい、この本の中で厳しく糾弾され否定されているのは、まさにこのような考え方なのだろう。この、便利でいい、という意識はいくら消そうとしても、私の中から消えなかった。それだけ自分の中に染みついた効率重視から来る残虐性だった。自分の中にこのような意識がある限り、この本を落ちついて読むことは出来ないだろう」。

T・P・Oに応じて礼儀をわきまえなさい、場面場面でいい子を装いなさいという教育が現在の道徳教育ですが、そういった形で作られていった人間が、こういうふうに他者への感情移入も共感もできない。そして物として、どうせ敵なんだから敵の身体を使ってどこが悪い、と思うのです。

感情は学習では作られません。若い人たちを見ると、小さい子どもも同じように感情が希薄になっております。

そういうなかで、知の領域でまずそれぞれの組織が過去に何をしたのかをきちんと調べて、そしてそれを簡潔にまとめる、私たちはそれを知る必要があります。そして、きちっと知って、被害者への感情移入を通して個人としての感情を取り戻す努力をする。感情が集団の問題にすり替えられていくのに対して、きちっとした批判を持つことが重要なことではないでしょうか

エルサレム問題をどう考えるか
質疑応答

司会：笹尾典代

司会（笹尾）■ここで、お1人かお2人、これまでの3人の先生方のご講演にご質問およびご意見がございましたら承りたいと思います。

質問者■私は日本キリスト教団の牧師をしております。今日の新聞にエルサレム周辺に壁ができているとありました。このエルサレム問題というのは国家の問題であり、またすべての恐怖の問題であり、精神疾患の問題であり、すべての問題に関わっていると思いますので、それについてそれぞれ一言お答えいただきたい。

マルクス■世界三大宗教が共有しているエルサレムは神の都です。たいへん難しい問題です。解決不可能かもしれません。クリントン大統領の政権晩年のときにはかなりの程度までパレスチナ側とユダヤ人側の相互の歩みよりが進んでいましたが、エルサレムが一番ネックだったのです。キリストの言葉があるんです。エルサレムを見て、何度も何度も機会を与えて、でもなかなか……と。私もわかりません。

　すでに教皇パウロ6世からは、バチカンを通して国際化するという談話を出しています。これしかないのではないかと思います。安保理のもとでの国際都市にするという提案です。でもなかなか取り上げられておりません。

鈴木■キリスト教会には無意識的にイスラエル贔屓が多いんです。そのことは私たちが反省しないといけないところだと思っています。私も、親しい友だちがどういう思いでいるかと考え始めると、思考がストップして眠れないくらい追い込まれるときがあって、絶望的になってしまいます。簡単なことは言えないんですが、ユダヤ資本に侵された超大国がバックアップするイスラエルを変えることは本当に難しいと思いますが、イスラエル人のなかにもパレスチナに行って命がけで話し合っている人がいたり、イスラエル軍の中で攻撃をしないと言っている

人たちが出ていることは一つの希望です。力、お金に目を曇らされていない人たちがいるということに希望を持っています。あとは、私たちができることは、そういうなかで具体的に顔と顔とを合わせて、イスラエルの人とパレスチナの人が会えるような機会をいろいろなところで作っていく試みであると思うんです。国家を背負ったときには、みんな非常に攻撃的になるんです。私も本当にこのことは難しいなと思っています。

　イラク攻撃のときも、バグダッドにWCC（世界教会協議会）やローマ法王においでいただいて、あるいはその代わりのお偉い方に来ていただいて、宗教者が集まったら攻撃を食い止められるんじゃないか、という発想をした人があって、そうだと思ってちょっと動いたことがあるんですが、うまくいかなかった。答えが出せません。

野田■イラクにしてもアフガンにしても、どこでも、現在のテロなり抗議はパレスチナ問題に戻っていきます。あそこで不正をやっている限り、イスラムの人たちも世界中の貧しい人たちもアメリカに対する憎しみは消えない。この状態にあって、一つの希望を見るとしたら、キリスト教徒が聖地を荒らされていると言って怒らないことです。昔のキリスト教徒だったらエルサレムの聖地が荒らされると言って介入したでしょう。この間ベツレヘムで立てこもりがあったときには、カソリックの人たちは、追われているベツレヘムのパレスチナ人たちを守りました。少し前だったら、あれでは済まなかったでしょう。聖地が荒らされる、軍を出せと言いかねなかったと思います。そういう意味では、少しはよくなっているかもしれません。

　イスラエルには今、ロシアから来たものすごくたくさんのユダヤ人たちがいます。そういった人たちは自分たちが不幸な歴史に翻弄されたということを、一つの精神的外傷として持っています。戦いしかないんだということがあります。それは私たちの社会が傷ついた人を本当にどうやって癒すかという問題を避けているから、同じことを繰り返しているのです。イスラエルの人たちはナチによって殺された。自分たちは被害者であると考えるだけで、自分たちの精神がどれくらい傷ついたか、深く分析することはしなかったと思います。そしてパレスチナの

人の土地をああいう形で奪っているのです。このまま不正が続く限り、この世界の混乱は続く、テロもやまない、私たちはなんとしてもイスラエルにおける不正を変えていく動きを作っていかないといけないと思います。

　しかし、そのためには、アメリカについていればうまい汁が吸えるという政権を維持し着々と進む国家主義への動きを容認している私たちの現実をきちっと見ていかないといけないでしょう。

●国際シンポジウム

国際シンポジウム（2003年11月8日、恵泉女学園大学多摩キャンパス）
右端で挨拶するのは石井摩耶子学長（当時）。

キリスト教と女性の平和への貢献

バーバラ・ブラウン・ジックモンド

講演者への質問

伝統的なカトリックの正戦論が現在もなぜ有益か
　マルクス教授による最初の講演では、ローマ・カトリックの伝統の中の「正戦」論について話されました。キリスト教徒たちは何世紀にもわたって、一定の条件下における戦争を「擁護」しようとしてきたのです。キリスト教徒が正戦について語るときに必ず出てくる考えとして、次の6つないし7つの条件があります。

①戦争が受け入れられるためには、最後の手段でなければならない。他の手段がすべて失敗したときにのみ人々は戦争に訴えるのである。
②戦争が受け入れられるためには、正統な権威または指導者によって行われなければならない。権限を与えられた指導者たちだけが宣戦を布告できるのであって、一般人は決してできない。
③戦争が受け入れられるためには、正当な理由がなければならない。戦争を正当化する最も一般的な理由は、自衛である。あなたがたが攻撃された場合、報復することは構わない。しかし、攻撃することは決して正当化されない。
④戦争が受け入れられるためには、妥当な成功の可能性を持つ必要がある。失敗に終わりそうな理由で人々を死にに行かせるのは正戦ではない。
⑤戦争が受け入れられるためには、最終的に平和を回復するために行われることである。戦争の後の平和は、戦争が行われなかった場合より良い平和になるだろうと人々が信じなければならない。
⑥戦争が受け入れられるためには、それは加えられた危害に釣り合っていなければならない。戦争は、耐えがたい悪を取り除くためにのみ擁護できる。
⑦戦争が受け入れられるためには、戦闘員と非戦闘員（軍人と無実の民間人）を区別しなければならない。非戦闘員を傷つけることは、避けられない場合にのみ受け入れられる。

　カトリックとプロテスタントのキリスト教徒は長い間、正戦に関するこうした考えについて議論してきました。それらは時には暴力を規制し、批判するのに役に立つし、ある種の戦争を防ぐことにさえ寄与しました。しかし、20世紀の戦争は、このような歴史的キリスト教戦争論のすべてを打ち破り、それらに挑戦するに至ったのです。マルクス教授が述べたように、戦争を抑止力として使うこと、核戦争を行うこと、または、対テロ戦争を遂行することという考え方は、正戦論を利用する議論をますます困難にしています。過去の前提はもはや適用しないのです。
　マルクス教授は、カトリック教会の第二ヴァティカン公会議がこのことを認識して、2つのことを行ったと指摘しました。その1つは、すべての人民の安全を

守るため、普遍的（国際的）な公的権威を確立する緊急の必要があると強調したことです。それは、かつてのように戦争を抑制ないし規制できなくなったからです。第2は、正戦論が「すべての平和的解決手段を使い尽くした場合の正当防衛権」を現在でも是認しているということです。しかし、マルクス教授は、カトリック司教たちが、「先制攻撃」としての戦争を行うというブッシュ大統領の決定を批判するため、なお正戦論を利用していると述べました。

　私には、カトリックの思想家たちが2つの逆の方向に向かっているように思えます。彼らは一方で、正戦論はもはや通用しないと言っていながら、他方では、ブッシュとアメリカの軍事行動を批判するためにそれを利用し続けているわけだからです。私は、ブッシュを弁護したいわけではありませんが、伝統的なカトリックの正戦論がどうしてなお有益なのかわかりません。マルクス教授は、正戦論がなお有益だと考えておられるのでしょうか。

キリスト教徒は何をすべきか

　2番目の講演は、鈴木伶子氏のものでした。彼女は聖書に述べられた神についてのキリスト教の教えが、社会や教会における権力に関する一般の前提とは異なることを想起させて有益です。教会は人間の共同体であり、不幸にして、すべての人間は自然な権力と貪欲の考えにしばしば捕らえられてしまう。これをキリスト教徒は罪と呼びます。しかし、キリスト教徒が従っていく人物のイエスは、権力の人ではありませんでした。イエスは弱者や無力な者たちと手を結びました。イエスは、権力の道を拒否し、弱さの力について説きました。そしてイエスは、十字架にかけられたのです。

　キリスト教の歴史上、人々は不幸にして、イエスの教えと生涯につきしばしば忘れてしまいました。教会の権力は非常に強くなり、イエスの考えとかけ離れてしまったのです。鈴木氏が「平和は単に戦争のない状態ではない」と言うのは正しい。平和には正義と公正が必要です。戦争がないだけでは十分ではない。人々は、「国家安全保障」の諸問題から離れて「人間的安全保障」の諸問題について努力すべき時が来ています。

最後に、彼女は、一人の人間でも大きな違いを実現できることに触れました。この世界では、組織的な教会のほうが重要ではなく、強力でもないとしても、少数のキリスト教徒たちがなお違いを実現できるのです。
　私はこれらのコメントを評価したい。小さいグループやキリスト教徒個人個人がなお大きな影響を与えられるということに、私も賛成です。聖書はキリスト教徒に対し、権力を求めず、正義を求めるよう要求しているという点にも同意します。しかし、今日の世界におけるキリスト教（ないしキリスト教徒だと称している人々）のインパクトに注目すると、キリスト教徒たちがあまりキリスト教的には行動していないように思われます。
　鈴木氏は、「キリスト教徒だ」と称しながら、イエス・キリストのメッセージを覚えていないように見える他の人々に、キリスト教徒がどのように関わっていくべきだと考えているのでしょうか、伺いたい。もし私がキリスト教徒で、（自分もキリスト教徒だと言っている）ブッシュ大統領が言ったり、実行したりしていることに同意しない場合、何をすべきなのでしょうか。

罪の記憶をどのようにして保たせるのか
　3番目に野田教授の講演をお聞きしました。彼はキリスト教徒ではありません。彼は、多くの違った視点から不正義・暴力・平和の問題に注目しています。彼は、オウム真理教カルト集団の襲撃を引用しました。彼はまた、1945年以前に天皇制と協力した日本のキリスト教徒たちの行動について述べました。さらに、日本の指導者たちが、中国における日本軍の残虐行為の一部をなお否定していることを懸念しています。彼は、現代の日本市民たちがどうして過去の不正義の一部を忘れることができ、責任をとらないでいられるのか疑問に思っています。
　野田教授は良い質問をしています。われわれは、正直な記憶をどのように保つのでしょうか。人々は、起こったことを思い出すのを拒否して、どうして罪責を乗り越えていけるのでしょうか、というのです。犠牲者たちは常に覚えていて、決して忘れない。それなら、責任のある人々も記憶していく必要があります。す

べての人は、自分たちの責任（自分たちの罪深さ）を認識することが必要です。

　野田教授に伺いたい。大半の人が忘れたいと思っているとき、人々に記憶していくよう強制するには、どんなことができると考えておられるのでしょうか。なぜそれは重要なのですか。

私の考え

人間の性質についてのキリスト教の見解

　それでは、「世界平和とキリスト教の功罪——過去と現在」というこのテーマについての私自身のコメントと考え方の一端を皆さんと共有することにしたいと思います。

　最初に、私についてもっと知っていただく必要があります。私は、アメリカ人のプロテスタント女性牧師であり、アメリカ宗教史学者です。私は日本ですでに3年間近く教えてきています。私は宗教と女性に関するコースを教えているのです。

　キリスト教の歴史上では、戦争と平和に関する考え方と行動は、非常に不規則でした。キリスト教徒たちは、平和的で、戦争を決して支持したことのない人（イエス）に従っていると言いながら、歴史を通じてキリスト教指導者らは、イエスのメッセージ（キリスト教徒が福音と呼んでいるもの）を忘れてしまい、キリスト教徒たちが暴力的で軍国主義的になってきたのが実際です。キリスト教徒はその行動において、非キリスト教徒と違いなかったわけです。

　キリスト教の考え方（神学）はこのような状況について驚きはしません。なぜなら、キリスト教徒は、人間が完全ではないことを認めているからです。キリスト教徒は、人間が何をしたいと言うか、と、実際どのように行動するのかは、めったに同じではないと信じています。キリスト教は、人間の性質に関するこの見解を、人類「罪悪」説と呼んでいます。真面目なキリスト教徒は決して人間の弱さや罪を忘れません。

　これは、キリスト教思想家たちが、人間は善であると決定することによって単

純に善になることはできないと主張していることを意味します。彼らは弱いのです。彼らは罪深い人間で、助けを必要としています。キリスト教徒は、人間の性質に関するこのような見解のために、神に助けを求めるのです。キリスト教徒は、どのようにして助けを得るのでしょうか。彼らはイエスに従ってゆきます。それは、キリスト教徒がなぜ「イエスが救い給う」と言うかの理由であります。イエスは、われわれの罪深い自我からわれわれを救ってくれます。

それゆえ、キリスト教徒が戦争と平和を語るとき、彼らは、神の助けによってのみ達成できる平和のビジョンを持っています。人間社会はめったに善ではありません。人間社会は貪欲と悪徳に満ちています。指導者たちや諸国家はしばしば善いことをしようとしますが、ほとんどの場合失敗します。したがって、キリスト教の視点からの平和(正義と公正)は常に神に依存しており、決して単に人間の成果であることはないのです。

これは、私が言及したい世界平和へのキリスト教の第一の貢献、つまり人間の性質についてのキリスト教の見解です。キリスト教神学は、世界平和が人間個人なり人間社会なりの努力だけで実現できるものとは信じません。キリスト教神学は、すべての人間の性質を抑制する方法を見出す場合にのみ平和が来ると述べています。しかし、仏教徒にとっては、それは、なんらかの黙想の修業か、阿弥陀仏への祈りを意味するのかもしれません。イスラム教徒にとっては、1日5回祈ることによって、アラーに帰依することを意味するかもしれません。すべての宗教が人間の性質について、キリスト教と同様な見解をとっているわけではありませんが、一部の宗教はそうです。私は、人間の性質に関するキリスト教の考え方が記憶されていく場合、世界平和に寄与すると信じています。それは、人間社会が単に一生懸命努力するだけで平和を実現できるわけではないと考えているからです。

女性の貢献

　私が討議したい世界平和へのキリスト教の2番目の寄与は、女性の貢献です。私は、恵泉女学園が女性キリスト教徒の河井道によって創設されたことを

知って興味を覚えました。河井道はアメリカのブリンモア大学に留学しました。ブリンモアは、フレンド会、つまりクエーカーによって創設された大学です。クエーカーたちは、アメリカの植民地時代から平等と平和に急進的に献身するキリスト教徒でした。クエーカーは、すべての人間の内部には「内なる光」があって、それは男性も女性もまったく同じであると信じます。それゆえ、クエーカーは、女性の平等を支持するのです。河井道はブリンモアでの教育に啓発されて、強い女性指導者になるよう刺激を受けました。彼女は、日本のキリスト教女子青年会（YWCA）のために働く女性キリスト教徒になり、1939年に新しい女学校を創設しました。

キリスト教の宣教師たちは、19世紀に多くの女学校を創設しました。多くの人たちは、「ミッション・スクールが全盛だった」と信じていました。しかし、河井先生は、彼女の学校が2つの新しいことをするのに熱心でした。その1つは、女子学生が国際的な勉強をするよう奨励することであり、2つ目は、園芸や造園を学ぶことでした。彼女は、1929年の学校創立についての考え方を想起して、その自伝『私のランターン』に次のように書いています。

　　私は生徒たちを通じて国際親善の目的に貢献できないだろうか。女性たち自身が世界情勢に関心を持たない限り、決して戦争はなくならないだろう。それでは、若者から、少女たちから始めよう。彼女らは、単なる好奇心からでも外国の人々や物事の評価に導かれ得る。もしキリスト教がまずわれわれに自尊心を教えるとすれば、次には、人種や地位にかかわらず、他の人々への尊敬をわれわれに教えるだろう。すべての人間は神の子どもなのだから。

女性と平和とキリスト教の間の結びつきには長い歴史があります。この大学がその歴史の一部であることを知って幸せです。アメリカの歴史上における女性と平和とキリスト教についてもう少し他のことにも触れておきましょう。

アメリカの南北戦争以前の1830年代に、北部の奴隷制廃止運動で何人かの女性キリスト教徒がニューイングランド無抵抗協会に所属していました。彼

女らは、キリスト教的完成ないし聖性に関連する神からの贈り物としての無抵抗という急進的な考え方をしていました。彼女らは、政府の権力を拡大したり、女性や奴隷を抑圧する政府の不正な構造をすべて拒絶したのです。

南北戦争後、世界平和同盟というもうひとつの組織が戦争の原因を取り除こうとすることによって軍縮のために活動しました。アメリカの南北戦争は、北部でも南部でも、女性たちは壊滅的だった点を想起するのは重要です。家族は破壊され、男性や少年たちの体は不具になりました。負傷を手当てする主な方法が切断だったからです。女性は世界平和同盟のメンバーの少なくとも50％を占めていました。1866年の初会合では60人しか集まりませんでしたが、1890年代までにその年次大会は1万人近い人々を引きつけるに至りました。

女性の平和への努力で一番有名なものは、ジェーン・アダムス（シカゴでハル・ハウスというセツルメント・ハウスを創立した社会改良家）が1915年に始めた女性平和党の活動です。この党は後に、「女性国際平和自由連盟」になりました。この組織は自らを新しい国際主義の模範と見ていました。それは急速に世界的な組織になり、世界中の各国に支部を持つに至りました。それは今日でも、女性の平和運動組織として依然世界最強です。

女性と平和と宗教（キリスト教だけでなく）の結び付きはなお継続しています。2003年2月にアメリカで戦争の議論が高まったとき、多くの女性活動家グループが抗議しました。彼女らの一部は平和主義者でした。しかし、他の状況でなら戦争を支持することも想像できますが、イラクへの先制攻撃的戦争は支持できないという女性たちもいました。私も平和集会に行ってみました。おびただしい数の女性たちがいました。私は、ハーバード大学ケネディ政治大学院が、「女性平和運動研究所」（Women Waging Peace Institute）を持っていることを知りました。女性平和運動研究所は、平和構築戦略を共有し（彼らは、自分のウエブページで報告しています）、スキルを磨き、公共政策を形成するため、世界中のさまざまな紛争地域から女性たちを結集しています。

今日、女性国際平和自由連盟（ほとんど創立100年になる）とハーバード女性平和運動研究所（まだ5年にしかならない）は、とくにキリスト教的ではあり

ません。それらは、すべての宗教の女性や無宗教の女性を含んでいます。しかし、私は、これらの組織の始まりは、キリスト教の伝統に深く根ざしていたと信じています。

女性の平和提言活動は、キリスト教によって強く形作られた国アメリカで始まったのです。女性の平和運動はキリスト教の遺産であります。多くの女性たちが平和のために働くよう奮起させ、力を与えるのはキリスト教だからです。

なぜ女性は世界平和にユニークな貢献ができると思うのか、と尋ねられる場合、簡単な答えはありません。われわれは皆、女性が怒ったら、男性と同様、暴力的で好戦的になりかねないことを承知しています。われわれは皆、男女両性とも紛争や戦闘に参加することを知っています。もし、われわれが女性のための平等を望むのであれば、女性のほうが平和を見出すことができ、その動機も与えられているという考えは、ほとんどの社会で歴史的に女性の社会化が進んだ結果にほかならないでしょう。

それにしても、女性平和運動組織の主張は考慮に値します。それらは、次の諸点を述べています。

①女性たちは、エスニック的・宗教的・政治的・文化的な分裂の橋渡しをすることに熟達している。
②女性たちは、共同体の鼓動を知る指を持っている。
③女性たちは、正式な権威のあるなしにかかわらず、共同体の指導者である。
④女性たちは、紛争を防止し、停止し、それから立ち直ることに非常に適している。

宗教こそ共同体の力の強化を促す

最後に申し上げたいことは、キリスト教、そしてフェミニズム、平和というものは、私の国アメリカの歴史に繰り返し出てきているし、アメリカだけではなく多くの国の歴史を遡ってみると、このことが密接に関連していることがわかります。非暴力、真の非暴力というものは、われわれ一人一人が人間として誰なのかを理解すること、そして他の人たちへの暴力というもの、これは実際に自分の弱み

に基づいているから暴力を働くんだ、怖いから暴力を働き、自分を守るのであるということです。だから、世界で共同体を中から強化していくという考えを広めていかなければいけないと思います。

　宗教こそこの共同体の力の強化を促し、そして男性も女性も、有色人種も白人も、人間の共同体は環境とすべてつながっているということを理解しなければいけません。すべての人が勝者にならなければ、誰も勝者ではない。フェミニズム、キリスト教、平和というものは密接に関連しています。なぜならば、人間の存続・生存というものは地球の存続にも関わっているからです。地球の存続というものは、人々が手をつないで努力して進んでいくところで守られるわけです。

国家主義と宗教
フィリピン共和国におけるキリスト教

レスリー・E・バウゾン

　私は、今日「世界平和とキリスト教の功罪——過去と現在」と題されたこの恵泉女学園大学大学院3周年記念国際シンポジウムに参加させていただき、皆さんにお会いできたこのすばらしい機会を名誉と思い、またうれしく思っています。このたび大学院が3周年をお迎えになったそうで、心からお祝い申し上げます。また、このような非常に重要な学術的な集まりを催してくださいましたことに心より感謝申し上げます。

　ここで私は、このシンポジウムのテーマに即しまして「国家主義と宗教——フィリピンにおけるキリスト教」と題して私の考えを少しお話しさせていただこうと思います。

フィリピンへのキリスト教の伝来

　フィリピンへのキリスト教の伝来は、わが国におけるスペインの長きにわたる功績のひとつといえます。スペインによるフィリピンの植民化は、1565年から1898年まで続きました。スペイン人によるフィリピン人の統治は333年間続き、スペイン政府はその間フィリピンの人々を征服し、また暴動を制圧するために断続的に軍事行動をとり続けました。以前は"datus"と呼ばれる村の長しかなかったフィリピンの原住民たちに、スペイン人たちはスペイン国王への忠誠を要求しました。そのほかにスペイン人たちは、フィリピン人がそれまで崇拝していた土着の原始宗教における神々や聖なるものの代わりに新しい神を祀るように求めました。したがって、スペインの統治が1898年に終わったときフィリピン人たちは、スペイン支配の拭い去れない痕跡を自分たちの生活様式の随所に見つけることになりました。たとえば1565年以前には地方分権的で政治的に分断されていたところで、中央集権化によるフィリピンの政治的・領土的な統一がなされました。

　フィリピン諸島を統治するということは、スペインの王政をフィリピン人にまで及ばせることでした。スペインを頂点としたこの非常に中央集権的な政治体制は、政治と宗教が相互に介入しあう神権政治的なものでした。ローマカトリック教会は国家と同等もしくは、それと肩を並べる存在だったのです。したがって十字架を抱く司教の杖は、フィリピン諸島を支配する王の笏でもあったのです。国家が世俗的な問題に対処するのに対して、教会は聖なることがらに対処しました。それゆえに教会は、フィリピンの原住民を原始宗教からローマカトリックに改宗させることに躍起になりました。

　フィリピン人へのローマカトリック信仰の押し付けは、その後もフィリピンの文化と社会に影響を及ぼしました。スペインの修道士が仰せつかったフィリピン人への宣教と改宗という大役には、ただ単にキリスト教信仰をフィリピンの原住民にいきわたらせる以上のことが含まれていたはずです。フィリピン人のキリスト教化によって、スペイン人のカトリック宣教は事実上、スペイン文化を基

準にしてフィリピンの文化と社会を作り変えたのです。フィリピンの民衆はある意味、疑いもなくローマカトリック信仰を甘受しました。

しかしながら、とくにミンダナオのイスラム教徒や高地に住むルソン北部のマヌボ族やミンダナオのヒガオノ族といった人々は、キリスト教支配に対して徹底的な拒絶と抵抗をしました。

当局はキリスト教信仰を普及させるために、スペイン人の修道士の下にそれまで点在して住んでいたフィリピン人たちを集合村落に集めました。そこでは、修道士の監視の下でフィリピン人への支配とキリスト教化がより容易になりました。この政策は、村と町と州という地域社会を持つ現在の政治的領土的体制を生み出しました。また同時に、コンパクトな各村落では、文字どおり教会の鐘の下で、日々、修道会に属する聖職者が村人を目覚めさせ、集合をかけ、キリスト教化もしくは教義問答の教育を受けさせることが可能でした。誕生から成人、青年期の結婚、死亡といった、村人の人生のさまざまな局面に教会が関与したため、ローマカトリック教会は人々の生活の中心的役割を担うこととなったのです。

いずれにしてもフィリピン人たちは、ローマカトリック教会の教義や信条は別のことがらであることをはっきりと理解していました。何人かの研究者によると、スペイン人はフィリピン人を表面的にキリスト教化しただけで、ほとんどのフィリピン人たちは、暗唱した祈祷文や詠唱した聖歌の内容についてまったくわけがわからないままに丸暗記していたに過ぎなかったとも指摘されています。一部の原住民たちは名ばかりのキリスト教徒になったのでした。しかしいずれにしても、多くのフィリピン人たちが熱心にキリスト教を受容しようとしたという事実は否定できないと思います。

カトリック教会がフィリピンに与えた影響

ローマカトリック教会とその熱心な宣教を通して、フィリピン人たちは、新世界のスペイン植民地であったメキシコから導入された新しい農作物の耕作を含

む新しい技術を習得しました。たとえば、カスティリア人の支配を受ける前までフィリピン人たちは、焼畑式農業を行っていました。この農法は、丘の斜面を畑にして、木を切り倒して焼き払い、小石などを取り除き、それから先の尖った小枝を使って開けた穴に種を撒くといったものでした。それから農民たちは収穫の時期を待つだけでした。このような焼畑式農業を行っていた状況は、宣教師たちがフィリピンの原住民たちに天候に左右されることのない灌漑や注水方法を使った園芸学的技術を伝授したため、集約農業に変化していきました。スペインの修道士たちは、新しい農業技術やトウモロコシ、アボガド、トマト、滋養に良い飲み物の原料になるカカオなどの新しい作物をフィリピン人に教えただけではなく、絵画の描き方、パンの焼き方、錠前の作り方などはもちろんのこと、基本的な読み書きを原住民に教えました。

　スペインによるフィリピンの植民地化の過程で修道士たちは、豪勢なバロック様式の教会を建築しました。これらの教会建築は今日でもフィリピン国内の至るところに見受けられますし、フィリピン人の生活におけるスペイン文化の深い影響を表しています。これらの教会建築の豪華さは、ローマカトリック教会における行動様式や複雑な儀礼にも見られるように、華麗なファサードや絵画、彫刻にもはっきりと現れています。スペイン人たちがローマカトリックの礼拝のために壮大なバロック様式の教会を建築するための労働者を必要とし、これらの巨大教会建築にフィリピン人の芸術的センスや技能が発揮されたことも事実です。大工や石工などの熟練した職人は主にフィリピン人だったのです。このような点において、ローマカトリック教会とその教義は、フィリピン人の建築技術や建築様式に影響を与え、ローマカトリックの儀礼や祝祭さえも、フィリピンのダンスや歌、絵画や文学に影響を与えました。キリスト教の威光を通して、教会はフィリピン人に荘厳な儀礼と"fiestas"と呼ばれる喜びに満ちた祝祭や祝賀の好機を与えたのでした。

　カトリック教会の礼拝は富める者も貧しき者も参加し、色とりどりの華麗な儀礼や華々しい宗教的行列の中で、ご馳走をあちこちにばら撒きました。ご馳走や飲み物そして歓楽は、しばしば宗教的活動の後やその最中に振る舞われ

ました。このような祝宴が行われていくなかで、米と鶏肉や魚貝類を煮て作るパエリアや、もち米と鶏肉をココナッツミルクで料理した"arroz valenciana"や、マッシュルームソースと牡牛の舌をソテーした"lengua"などのスペインの名物料理が地元の食卓の一部を占めるようになりました。儀礼と祝宴は、単調な村の生活の中での辛い仕事や鬱積した社会経済的状況の中でたまったフラストレーションを解消し、共同体の気質や一体感を育むための癒しとして機能したのでした。

　修道士たちによってもたらされた辞書学的研究を通してスペイン人たちがフィリピンの言語を豊かにしたことは、言及する価値があります。たくさんのスペイン語がタカログ語やヴィサヤ語になっていることがわかります。スペイン語はフィリピン語の発音傾向にどういうわけかうまく調和しました。"mesa"「机」、"adobo"「酢漬けにした食べ物」や、他の単語も日々、フィリピン人同士の実際のやりとりの中で普通に使われています。フィリピンにおけるキリスト教の相矛盾する功績についてこのシンポジウムのテーマの観点から申しますと、皮肉にも、修道士たちは、計画的にスペイン文明の影響を通してフィリピン文化の破壊を行っている最中に、フィリピン文化やフィリピンの諸言語におけるすばらしい研究を生み出したのです。

非キリスト教徒による抵抗

　スペイン人による長い植民地支配の間のフィリピン人のキリスト教化は、一方に低地に住む支配的な主流派キリスト教徒と他方に土着の被支配的な少数派の非キリスト教徒との間に、疑う余地もないほどの決定的事実として社会的分断を生み出しました。このキリスト教徒と非キリスト教徒という二極化は遺憾なことですが、フィリピンの民族国家における日常の真の実態です。主流派のキリスト教徒人口と少数派の非キリスト教徒の文化的共同体との二極化は真の国家統一の達成に対する大きな障害となっており、この社会的亀裂はスペインの植民地支配下のキリスト教宣教にまで原因を遡ることができます。支配的地

位を占めるキリスト教主流派と、非主流派である文化的少数派と私が定義する二項対立的状況が、現代のフィリピン社会の特徴と言えます。

キリスト教化されたフィリピンが抱えるジレンマ

　フィリピンの国家と社会の中のキリスト教化された地域の支配的現状において、私たちは、政治的・経済的・社会的にありとあらゆるジレンマを目の当たりにします。そこにはまず政治的権力のアンバランスな分布というジレンマと問題があります。フィリピン諸島の町や州における現職の権力機構は、地方の軍事的指導者やその家系によって支配されています。国の選挙制度において、裕福な者だけが公職に選出されるか、高官の職に指名されるので、公職にまんまと当選するのは特定の人たちだけです。さらに、国の司法行政官はしばしば政治的影響力を持ち、権力に関わる人々が有利になるような肩書きを有している人がなります。しかしながらその一方で、貧しい人々は自分の正当性や人権を守るための弁護士を雇う金銭的余裕がないため、刑務所の中で辛い思いをしています。豊かな者と非常に貧しい者とに差別がある司法行政として知られています。

　経済的な問題として、多くの人が一区画の土地さえ所有することができないにもかかわらず、ほんのわずかな人々が多くの土地を所有しているという点で、地方と都市に貧困が拡大してしまうというジレンマがあります。スペインの植民地期から現在まで、カトリック教会はかなりの地所を所有している一方で、小作農民の大部分は何も持っていないのです。この土地の未所有という問題は、銀行貸し付けが一般的に地方や都市の住民にとって利用しがたいものであるゆえ、"character loan"と呼ばれる高利の貸付が長年続き、借金がかさんでしまうために起こります。

　そして社会的な問題として、社会の中で持てる者と持たざる者という、上流、中流そして下層という階層分けと不平等が存在します。これはフィリピン社会の現代的特徴です。また、スペイン植民地時代のローマカトリック教会は、布教に従事する人のいくらかは基本的に善良だったかもしれませんが、清貧の誓いに反し、社会のエリートの側に立ち、富の蓄積を行うために教会自体が地主

となり金貸しとなることで、社会の階層化に貢献したのでした。

　社会の中で不当に抑圧され不平等な状態に置かれている貧しき者は、天国においては称えられるのだから、辛抱強く今の現状を耐え忍ばねばならないと教会が説き続けるため、民衆の抵抗運動はフィリピン社会における恒常的現象となり、そのため国家統一や社会安定やその進歩の達成が妨げられています。民衆の抗議形態は盗賊団や宗教的千年王国運動や革命運動に至るのです。

義賊

　フィリピンにおける盗賊とは、私利私欲を求めるタイプとロビンフッドタイプとに分類できるかもしれません。

　私利私欲を貪るタイプの盗賊は、単に盗めるから盗み、自分の手柄として金品を盗むことを楽しみます。このタイプの盗賊は国中にはびこっています。平安を望む人々の安全を脅かし、彼らを不安にさせています。

　他方で、ロビンフッドタイプの盗賊もまたフィリピン社会に存在します。彼らは社会的義賊としてアカデミックな研究の中でも知られています。義賊はしばしば、特別な何かあるいは超自然的性質を生まれながらに持っているのだと言われています。義賊はしばしば庶民のニーズや願望と関係しています。したがって小作人は、しばしば彼を支持し、敬服の念を持ってサポートします。警官との衝突で義賊が死んだ場合、小作人は悲嘆にくれます。義賊の名声は民衆の敬意の表れであり、彼は地元の文化的英雄として尊敬されます。

宗教的千年王国運動

　フィリピンの宗教的千年王国運動について言及しますと、現状に対する不満の一つの現れとして、下層階級に属する極端な人々が千年王国運動に行き着くのです。千年王国運動の指導者は超自然的な能力を持ち、魔除けやお守りによって災難から人々を守るカリスマ的人物です。

　千年王国論者はまず農民を勧誘します。そうすると農民は、自主的に他の集団に影響を与えていきます。千年王国論は社会にはびこる不平等な慣習や不

正に異議を唱えるために、下層階級にとって役に立つ抗議の形態であります。しかしながら、至福千年の到来を説くグループは、より喜びに満ちた暮らしぶりや生活に彼らの現状を変化させるために人道的・政治的活動を直接行うという信条はありません。彼らの特徴は大きな社会から隠遁することです。彼らは、孤立した山の中や人里離れた孤島に自分たちの理想の共同体を建設します。しかしながらたいていの場合、至福千年の到来を信じる集団は、主要都市のマニラやケソンシティのペヤタスやマリキナシティのパラングのような都市部貧困地帯で信者を獲得します。

　覚えておくべきポイントとしまして、本来、貧しく虐げられ抑圧された人々の側に積極的に立つべきローマカトリック教会のようなキリスト教主流派がその職務を怠慢しているフィリピン社会の現状下にある下層階級にとって、千年王国運動は抗議の形態であり、不満の表れであり、彼らの目覚めでもあるということです。多くの信者は惨憺たる今の状態から救われ、神が介在する高みへと至るように祈るために、都市部から遠く、人里離れた場所に隠遁します。このような至福千年を待ちわびる人の祈りは、次世代のことを考慮するというよりはむしろ、次の選挙で選出されることだけに躍起になっているどうしようもない指導者や、貧しく困窮した人々の惨めな状態に何の関心も示さない社会政治的慣習や構造を広めているキリスト教各教派への失望から来ています。たとえ世界の終焉やイエス・キリストの再臨といった預言に対する否定があったとしても、千年王国論の信奉者たちは彼らの信仰にすがりつき、彼らを育み家族の深い意味を呼び起こす平等主義的共同体におけるより良い生活を、彼らのメシアであり救い主である神は本当に叶えてくださると主張します。

　私たちは彼らを異端として切り捨てるのではなく、彼らの言葉や次元に照合することによって、このような千年王国運動を研究し理解しなければならないのです。

革命運動

　さらに、フィリピンの国家統一とその安定を阻むより大きな障害は革命運動

です。革命運動は、社会が必要としていることに対して政府が対応してくれないことに人々がうんざりしたとき発生するものです。

今の政府は民を省みず、政府を動かす人々はその権力を濫用し、権力に貪欲で利己的であるといったまさに腐敗した状態です。現在の権力構造の腐敗は不当な富の配分、正しい判決を下すべき裁判官の不足、民衆の極度の貧困に加え、本来、社会的難題を先頭に立って解決していかなければならないキリスト教会のような重要な組織が、その高い社会的地位を保つために民衆の何の役にも立たず、固定化してしまっていることによってさらにひどくなっています。

したがって革命運動派は、社会の転覆や根本的変革の実行を必要とします。フィリピンの民族国家とその社会的状況の中での革命運動は、非常に困窮した人々がもはや神の介在をおとなしく待ってはおられず、現在の社会体制を転覆しようと直接、政治的・人道的活動に出ることを決めたとき、根本的改革を進めるためのオプションであり手段として発生します。

革命のような大きな社会変革に心を奪われないようにするにはまず、エリートと小作人や都市部の貧民の間の世界観や思想体系の隔たりへの橋渡しとなるべきキリスト教会などの社会的エリートの尽力が必要です。社会的エリートは政治家の素質を問い、個人や上流階級の利益を追求するような操作的利己主義を超越し、下層階級との相互関係を考えていかなければいけません。とくにキリスト教会は、天国で得る幸いを辛抱強く待つように貧しい人に説くことはやめ、その代わり、開放的で慈愛に満ちた共同体を作っていくために効果的で意味のあることを行動に移していかなければなりません。なぜならば、共同体は世界と神とのふれあいの基盤であるからです。人は神の形に似せて作られたと聖書にあるように、他者とともに共同体の中で生きるというものの見方がキリスト教の信条の中にはあります。共同体とは協調と相互関係そして献身を理解していくところであり、男女がお互いに従属関係ではないいたわりと責任と心遣いを持って生きる規準となるところであり、それを継続していくところでもあります。

共同体の重要性を理解するキリスト教信条は、自己と他者が同等の価値を

有していることを思い起こすために、公平さと献身の急進的な価値体系を提示していかなければなりません。自己と他者の同権は、たとえ権力の差が人々の間にあったとしても、それぞれの立場の中にあるのです。つまり、誰も除け者にされることなく、すべての人が共にあるということです。キリスト教信仰は、その正当性を権力の秤に使うのでははなく、社会の諸問題とともにあらなければならないのです。

フィリピンにおける社会的断絶を解消するために

　キリスト教が支配的なフィリピン社会では、その遠心力が民族国家としての統一を達成し維持していくことを困難にしているのが現状です。つまり、国の経済的発展にとっても重要な前提である安定した民族国家の達成を、フィリピン社会の周縁部が難しくさせており、フィリピン共和国内の民族的・文化的多様性という問題は今日まで続く問題でもあるのです。この状況は数年の間に好転しそうにもありませんが、近年のグローバリゼーションによる急速な発展は、いくつかの民族言語的集団を近い将来の絶滅の危機に陥れているように、土着文化に情け容赦なく影響を及ぼしています。支配的地位を占めるキリスト教主流派と文化的マイノリティである非主流派の間に存在する社会的分断は直接、フィリピンにおけるスペインのキリスト教宣教にまで遡ることができます。

イスラム教徒に対するフィリピン社会の見方

　もともと高地に住む人々はイスラム教徒であり、低地部や沿岸部に住む民族的文化的主流派のキリスト教徒によって彼らはアウトサイダーとしてみなされてきました。このような徹底した社会的亀裂は、支配的なキリスト教主流派が少数民族を指すときに使う蔑みの言葉の中に反映されています。たとえば、フィリピンのルソン中央平原に住むキリスト教徒たちがアエタス族のことを馬鹿にし、見下して"balugas"と呼ぶのを耳にします。これより悪いのは、フィリピン人の著名な外交官であり、教育学の学者である故カルロス・P・ロミュロがルソン山

脈の北部に住むイゴロット族に「非フィリピン人」という烙印を押したため、さらに低地部に住む人々は山脈高地に住む人々の文化的稚拙さや劣等性を表すために相手を見下すような意味で"igorot"というレッテルを使うようになったのです。

　フィリピン南部のミンダナオ島では、キリスト教徒が高地に住む人々を"lumads"もしくは「土の子」と呼びます。ミンダナオ島北東部に住むルマッド族の一グループは、とくにスリガオやアグサン地方で、ママヌア"mamanua"もしくは「森の子ども」として認知されています。スリガオやアグサンといった低地に住むキリスト教徒はママヌア族を「コングキング」と呼び、これはキングコングをもじった言葉です。ママヌア族はミンダナオ東部の山脈の木の上に住むサルとあまり変わらないと見なしているのです。

　フィリピンの島々の低地に住むキリスト教徒たちはミンダナオに住むイスラム教徒のフィリピン人に対して、おそろしく好戦的で油断のならない堕落した劣等者という人物像を当てはめ続けています。キリスト教徒たちはイスラム教徒たちをけなして「モロ」と呼びますが、このレッテル自体、私が先ほど言いましたおそろしく好戦的で油断のならない堕落した劣等者という否定的な意味内容のすべてが含まれます。このため、イスラム教徒のフィリピン人は、キリスト教徒に対して根深い恨みを抱いています。

　1970年代の中頃に、フィリピン人の社会学者、ルドルフ・バラタオがイスラム教徒に対して、キリスト教徒たちがどのような偏見や差別意識を持っているかを明らかにする全国調査を行いました。その中で、調査に応じた大多数の人々が、イスラム教徒を隣人や会社の上司、もしくは義理の息子などに持ちたくないと答えています。

　このような偏見は、今日のメディアの中でさえ広く見受けられます。フィリピンスターなどの大衆紙が、ミンダナオで起こる犯罪の原因は「無法者のイスラム教徒」にあると述べるのはよくあることです。しかし、マニラやほかのキリスト教化された地域で同様な犯罪が起きた場合に、犯人を「無法者のキリスト教徒」とは言わないのです。主要なテレビ局のニュースキャスターやレポーターの発言

の中にもこのような偏見が見受けられます。アメリカのプロテスタント派の伝道師は言うまでもなく、植民地時代のスペインの宣教師が抱いていた偏見や差別がキリスト教に改宗した低地部の人々にうつってしまったのです。

キリスト教がなすべきこと

　少数派の人々がキリスト教が優勢なフィリピン国民国家のボーダー領域で生活しているとしても、主流派と少数派の間には文化的大きな隔たりがあります。キリスト教徒が支配する国家と土着の少数民族の利害関係を一致させる共通のコンセンサスを持つことが難しい現状では、キリスト教徒が優位に立つ社会の土着の人々に対する偏見は根深く、主流派と少数派の間の利害関係や責務が一致し、両者が同じ社会の中で一体となることはこれからも難しいと言えます。低地と高地、多数派と少数派の間の社会的・経済的平等の欠落、そして政治的過程においてその平等を実現しようとする信念が不在であるフィリピンの現状では、解放運動や戦争が現実に頻発してもおかしくないのです。

　この観点からすれば、国家統一やその安定維持がなされるために、フィリピンにおける多文化主義の問題は大きな意味を持つのです。フィリピンでこれまで起きた解放運動は、これからも起きると言えます。したがって民族歴史学的研究は、われわれの偉大な知識や豊かな文化、そして土着の宗教やフィリピン国家を構成する民族の創造性を育み、私たちの文化的遺産の重要な部分として民族を認知するために必要とされています。

　私にとって文化的マイノリティである非主流派に関して心にとどめておくべき問題点は、スペインやアメリカの植民地支配の過程、そして20世紀後半から21世紀初頭のフィリピン社会におけるグローバリゼーションの波といった、文化的マイノリティを社会の主流派に従属させる同化政策に直面した彼らがその習慣や伝統を守っていこうとしているということです。

　彼らの民族文化は数世紀にわたって彼ら自身の経験にしっかりと定着したものであり、彼らの文化は彼らが基本的に必要とするものや生き抜くための知恵を十分に備えています。それゆえ彼らの連帯感や深い絆は、彼らの伝統に根ざ

した文化に感化されたものです。彼らの口頭の叙事詩的文学は、彼らの感性を忠実に映し出しています。彼らの土着の文化と宗教は、彼らに自信を与え、彼らの結びつきを確認させ、調和の意味や社会的結束を与え、彼らが住む土地や森との一体感を浸透させるのです。彼らは、大地の息子や娘になって、体に必要なものの源として役に立つ「森を食べる」のです。彼らの精神において一番大切なことは、長い月日と伝統によって培ってきた彼らが生きていくために根本的に必要なものの補い方、その貴重な文化的遺産を維持していくことなのです。

フィリピンの低地に住むキリスト教徒たちが高地に住む少数民族を自分たちよりも劣っているという固定観念を持ち、少数民族を周縁的存在に、またフィリピン社会の下層階級に追いやることは悲劇と言えるでしょう。結果として少数民族は、まさに非フィリピン人という烙印を押されているのです。このような状況で少数民族がフィリピンの民族国家から解放されるために格闘したり、独立を望むといった抵抗を行ってきたことは当然なのではないでしょうか。

多文化多元主義の実現を目指して

過去400年において続けられてきた同化政策を翻すという点で、文化的多元主義の方針に私は賛成します。同化政策はフィリピンに戦争と民族対立をもたらしただけでした。多文化主義は主流派と少数派といった二分法ではない認識です。すべての民族集団が国家編成において同等の待遇が与えられ、それぞれの信仰や価値、習慣、風習や貢献に対して相互理解と容認が基本となるからこそ、さまざまな民族集団の間に社会的亀裂など生まれず、国家の中で周縁化された下層階級など存在しないのです。すべての人が平等主義の原理に基づく国家の成員なのです。したがって、皆が国家的発展という果実を平等に楽しみ、一緒になって倹約を行うなかで、一緒にステーキを食べるのです。一つの国家としてそれぞれの民族集団が国家統一を維持していく義務を負いますが、それぞれの豊かな文化的多様性がそこで花開くことが認められるのです。

また、多文化主義は多言語主義に至るということは言うまでもありません。そして多言語主義は、国家を構成するそれぞれの民族集団のアイデンティティを示す指標となり、言語の多様性を豊かな遺産として尊重し保存するための手段です。そこでは、いかなる言語もドミナントな第一言語になることは許されないのです。なぜなら支配的な言語の話し手によって同じ国の中で植民地化が起こるからです。

　キリスト教多数派の領域には、アカデミックな世界での思想的自由は言うまでもなく、社会主義や共産主義的イデオロギーの支持を自由に公表でき、政治的問題において有権者の気持ちや意見が自由に競い合うことができるよう、政治的多元主義があります。自由な議論に基づいて最もよい政治的方針は何か、政権における一番良い政策発表はどれかということを一般大衆に判断させるべきです。そうすれば、知識を皆が共有でき、脅迫や独裁主義を用いて他者に権威者の意思や視点を無理強いする人など存在しなくなるでしょう。民族国家は政治的討論とともに喧々囂々たる様相を呈するとは思いますが、国家より高い権力を持つ集団などは存在せず、国家統一を維持し支えるためには何が良いのか、皆が理解することが基本となるのです。社会階層がなくなり、活発な政治的対話が行われる自由を維持するために、特定の主義を人々が超えていくのです。

　フィリピンにおけるキリスト教についていえば、動態的な共同体の中に神の存在をしっかりと根付かせるという考えを信者たちが共に育んでいかなければなりません。キリスト教信仰は、積極的にそして自由に、世界を調和させ、癒し、そして神の愛に満ちた生活へと導かなければなりません。そして絶えず神の救いを共同体に広め、私たちのうちの愛の炎を再び燃え上がらせるところを見届けなければなりません。フィリピン人としての個人的な生活ばかりでなく、一つの国家、そして一つの社会としても、あまりに多くの崩壊のイメージがつきまとい、フィリピンは今、本当に癒しを必要としています。その概念がフィリピンでは存在していないのです。

　キリスト教がフィリピンを、神の召命の中核をなす協調と相互関係、そして献

身を理解するより良い国家的共同体に創造していくことに貢献していくことを私は期待し確信しています。それは、すべての民族集団からなる男女が平等で従属関係のない共同体国家、つまり、力の差はあれどもそれぞれの立場にあるそれぞれのメンバーが共にあり、誰も取り残されることなく社会の底辺に追いやられることのない共同体国家です。言い換えれば、キリスト教は、正義の徹底した倫理を提示していかなければならないし、フィリピン共和国における協調と平和、そして相互理解を手に入れるために注意を払っていかなければならないのです。

主題を北東アジアの文脈で考える

李　仁夏

平和とは何か

　平和とは必ずしも戦争のない状態ではありません。聖書の語るシャロームとは強者による抑圧、貧富の格差、すなわち、正義の機能しない世界、自然環境の破壊が進んでいるところに平和はないのです。オイクメネ(oikumene)の全領域が平和実現の場であります(鈴木伶子氏の基調講演の包括的平和理解に同意)。1970年代に準備し、80年代以来展開された世界教会協議会（WCC）は、Participatory, Sustainable Society実現のための旅を今も続けています。現在の世界で進行中の無差別のテロリズムとそれに対する先制攻撃を伴う報復戦争は、国家対国家の在来の侵略と正当化された防衛戦争とは様相を異にしています。包括的平和理解をもって、現に人類が抱えている不正義と不公平をも伴うグローバリゼーションのマーケット・システムを問わなければなりません

（先のWTOの破綻の意味）。

コンスタンティヌス体制からの自由

　紀元313年、ローマ帝国のコンスタンティヌス皇帝のキリスト教公認以来始まったキリスト教国家イデオロギー化に対してのラディカルな再考が求められています。それは、H・J・マルクス学長の基調講演で指摘されているように、宗教改革以降も変わりませんでした。どのような形であれ、戦争の肯定につながる神学的正当論が問い直される時を迎えています。鈴木さんの講演も、その文脈での問題提起だったと思います。戦後、私が最初に触れたキリスト教社会倫理のR・ニーバーも「道徳的意味不確定の領域」（a sphere of moral ambiguity）での、いわゆる「特殊な判断」（discriminate judgment）として、戦争を肯定しています（J・R・ベネットの「最も少ない悪」〔the least evil〕の決断）。彼らの提言は、アメリカ合衆国の国家行動の基準にもなっているのです。もちろん、広島、長崎の核兵器戦争は、東西の冷戦構造下、キリスト教界は東西を問わず、慎重だったことは記憶にとどめたいと思います。

　そういう意味で、ブッシュ政権のイラク先制攻撃での戦争と続く混乱に対して、米国のカトリックを含めた主流派（メインライン）教会の反戦の促しは注目に値します。しかし、宗教的右翼といわれる南部の根本主義と個人救済に重きを置くキリスト教は、戦争支援に回りました。劣化ウラン弾を使用し、核兵器投入も辞さないとするブッシュの恫喝とクルセイドばりのイザヤ書とヨハネ黙示録を引用する行動は、キリスト教のイメージをいたく傷つけています（もちろん、国家イデオロギーとして働いたキリスト教にも、その責任があります）。

　世界のキリスト教潮流で最も注目すべきは、今世紀に入る前、ローマカトリック教会のヨハネ・パウロ2世の悔い改め運動です（第2ヴァティカン会議でレールが敷かれていました）。パリに100万の若者を集めて、①異端を焚刑にした罪責、②十字軍を立ち上げた罪責、③ホロコーストへの沈黙の罪責、を告白しました。そして、イスラムのモスクを訪れて、和解の握手をさせてもらったのです。

これこそが、キリスト教の世界平和への貢献の入口を示しています。これこそが今日の聖霊運動だと思います。

韓国教会の成長は、民族的悔い改め運動（1907年）から始まって、抑圧的日帝の植民地支配への抵抗運動となりえました。

北東アジアの平和実現に向けて

日本のキリスト教人口は少ないですが、戦後、特筆すべきは、1967年のキリスト教団の戦争責任告白でした。議長名で出された告白のグラスルーツへの浸透は持続的にならないきらいはありました（野田正彰氏指摘）が、その流れは1995年、多くの教派教会に引き継がれ、キリスト者の加害責任が神とアジアの隣人への告白となりました。日本のキリスト者は、自らの国家権力の神格化に対して、第一の誡命を告白できなかった罪を悔い、韓国のキリスト者が60～80年代の軍事独裁政権との戦い（牧師・神父らの投獄等）で苦難を強いられたのを見て、韓国キリスト者民主同志会との連帯行動により、韓国人の民主化運動を支えました（故隅谷三喜男教授「日本の歴史上稀有な事件」岩波「世界」誌11月号拙文参照）。

ちなみに、韓国教会の南北和解宣言は、北の同胞を敵とした罪責告白から始まっています。2000年の南北の和解は、世界教会のエキュメニカル運動に大きく負っているのです。

日本のメディアは、北朝鮮の拉致と核開発によってヒステリックになっています（2003年10月22日付ニューズウィーク誌）。この事態に責任を負う米側の「安全保障」は、2002年9月17日の日朝平壌宣言の第4項「北東アジアの平和と安保」と軌を同じくしているので、宗主国日本が、かつての植民地支配の総決算としての日朝国交正常化に向けて、日本のキリスト者の市民と連帯することが望まれます。

ヨハネによる福音書は、平和へのイエスの遺言を記録しています。「私は、平和をあなたがたに残し、私の平和を与える。私はこれを、世が与えるように与

えるのではない。心を騒がせるな。おびえるな」。イエスにとって「世」とはパックス・ロマーナを意味していました。日本は戦前のパックス・ヤパーナでもなく、今のパックス・アメリカーナのような単独覇権によって得られる平和を求める愚を繰り返すべきではありません。日本の将来のために、最低限、軸足の一つはアジアに置き、北東アジアの平和の再構築のためにも、朝鮮半島の和解の働きに入っている韓国のキリスト者と70年代の連帯を再構築してほしいと思います。

講演者へのコメント（上記レジュメに沿って）

　この場に招かれておられるNCCの鈴木伶子議長には学Y運動で彼女の学生時代に会いました。学長の石井摩耶子さんとは1961年末、一緒に韓国に行って、戦後の民間人として最初の韓国キリスト者学生運動と和解の集会を持ちました。今日も続く豊かな人脈には、和解の働きの中で構築した歴史がありますので、今昔の感に堪えないのですが、そういう感情に浸っておられないほど、非常に逼迫した状況にわれわれは向かい合っております。

誰もが参加し持続可能な社会を目指す平和運動へ
　私は平和に関して、本当の意味で自分をさらけ出して語ることを求められています。実は一昨年、鹿児島の知覧にある特攻隊員の記念館を訪問したときに、11名の朝鮮人特攻隊員が天皇のために一命を投げ捨てているのを知り、驚きました。17歳の、私と同じ姓のあどけない顔をした少年の姿、陸軍少年飛行学校を卒業して、おそらく軍曹のときにつっこんで2階級特進して陸軍少尉のその写真を見たときに、その顔の中に私自身の姿と重なるものを見ました。私は20歳まで「岩城政雄」という人間として生きたその過去の恥部みたいなものを晒さない限り、本当に平和を実現するというイエスの勧めに従うことができないと思って、それ以降、ずっとそこから発信をし続けております。
　バウゾン先生が最後におっしゃったように、同化主義ということを問題にす

ればするほど、かつての皇民化政策、朝鮮半島の植民地支配の暴力性を別の面から考えねばなりません。それなのに、石原慎太郎都知事が、植民地支配は極めて人間的なものであったと言いました。いかにも幼稚な歴史に対する無知を、都民を預かっているトップの方が享有しています。それを支えている日本人のメンタルな構造に向かって、私は激しく危険信号を発しなければならないという思いに駆られます。

　昨日、野田先生が歴史思想のような形で加害者と被害者をすり合わせない限り、人間が犯している罪責の問題で深みを捉えることができないという話をされましたが、実は被害者であるはずの人間が、いつの間にか加害者の侵略戦争に加担をする、そういう精神構造が私の中にも20歳まで形成されていた。この痛恨の恥部を告白しない限り、私は一歩も前進できないと思っています。

　したがいまして、昨日プレゼンテーションのあった3人のお話をいちいち繰り返しませんが、平和とは、鈴木さんも述べておられるように、必ずしも戦争のない状態ではない。平和を極めて包括的に捉える聖書の読み方を提示されましたが、100％私も賛成です。そして、私どもの戦後の平和運動は、エキュメニカル運動の中心的柱で、全世界の教会が厳しい状況の中で手をつなぎながら今日まできているのです。80年代以来展開された世界教会協議会のParticipatory, Sustainable Society（誰もが参加し、持続可能な社会）というテーマは、世界を平和に維持できる方向を目指す運動です。環境問題、貧富の格差問題、すべてを含めてそういう方向を目指して手をつないで、包括的な視野を持って平和を考えなければならないということは、シリアスな人類の課題です。

　そういう意味で昨日も触れられたように、グローバリゼーションのマーケット・システムが今問われなければならない。この間メキシコのカンクンであったWTOがなぜ破綻したか。経済先進国と貧しい国々との対立がピークに達して、そういう構造変革が起こったということは、ある意味で貧しい国々の声が聞かれたということで、あの会議はそういう抵抗運動をしていた人の点を稼ぐ大事なモメントであったし、IMFを含めて、今アメリカの資本が中心的にコントロー

ルしているシステムそのものに対する問いかけも含めて、視野の広い平和運動を展開しなければならないということが第一点です。

イラク戦争を支えた論理

　第二に、マルクス先生が丁寧に出典を引用されておりますが、私は一言でこれを大ざっぱに括ると、紀元313年ローマ帝国のコンスタンティヌス大帝がキリスト教を公認するようになった、そこから始まる教会と国家関係、どちらかと言うと国家イデオロギー化してしまったキリスト教会なのですね。ヨーロッパを旅行して、宗教改革の伝統にあるスカンジナビアの国々に行っても、ガイドの人が国教はルーテル教会だとよく言われるわけで、基本的に宗教改革もこの線では戦争を肯定するイデオロギーの役割を果たしたと思います。

　ただ、今アメリカで展開している戦争の理論みたいなものの背後に、アメリカの神学者たちが示した、戦後、提示した問題、キリスト者はどうしてもクェーカーのようなパシフィズム、純粋平和主義には立てないんだという理屈があり、元はドイツ系の著名なラインホルド・ニーバーがいたのだと思います。戦後、私も神学の領域で初めて触れた、キリスト教社会倫理のたいへんに優れた学者でございますが、名著である"Moral Man in the Immoral Society"によると、われわれはいかに道徳的に生きようとしても、われわれを抱えている国家社会そのものがインモラールである、そういう状況のなかでモラールに判断し切れない道徳的意味の不確定の領域については、ある特殊な決断をもって臨まなければならないと言っています。たとえば、ナチのような力とは向かい合って戦う。日本のアジア侵略に向かっても戦うことになります。

　しかも、ニューヨークのユニオン神学校のラインホルド・ニーバーの次を担ったジョン・R・ベネットという同じ領域の学者によると、キリスト者ができるあらゆる判断は、the least evil（最も少ない悪）でしかない。善という判断はまったくありえない。したがって、ジャスト・ウォー（正義の戦争）なんてとんでもない。あったとしても、ぎりぎり最も少ない悪としての決断でなければならない。これらが今のアメリカ国家行動の基準になっていることは間違いありません。もちろ

ん、昨日も述べられていましたように、広島、長崎の核兵器戦争、そういう抑圧のもとでは、東西冷戦構造下のキリスト教会には東西を問わず、もう戦争はできないみたいな厳しい抑制の力が働いてきたことは確かであります。

　それにもかかわらず、むしろ戦争を抑制するという意味ですが、ブッシュ政権のイラク攻撃の戦争と、続く混乱に対してアメリカのカトリックを含めた主流教会（メインライン・チャーチ）が、ブッシュ自身が所属しているメソジスト教会の監督を含めて反戦を促したということは、非常に注目に値することだと思います。

　先日、蓮見先生が、朝日新聞にアメリカのキリスト教右翼の戦争賛成に関するいろんな論議の紹介をしておられましたけれども、私は朝日新聞のあの文脈の中であれが紹介されたときに、日本の読者にどちらかというと誤解を与えるような内容ではないかと思いました。もちろんおっしゃっていることが間違っているというのではなく、実際そうなんですが、にもかかわらず、たとえば戦争支持に回った、個人救済に重きを置くキリスト教は――しかもブッシュはクルセイドと叫びながら、戦争が始まるときにイザヤ書にある囚われの人たちを解放するんだ、そして悪が滅びるという「黙示録」の形で戦争の終結を語ったわけですが――、戦闘に一定限度勝利したかもしれませんが、戦争そのものには100％アメリカは足をすくわれる状況の中に入っていることに対し、今後、どのようにシリアスにこの問題に関わらなければならないかを問われているわけであります。

　しかし、EUのフランスとドイツが今回イラク戦争に参加せず、そしてアメリカや世界中のエキュメニカル・ラインに立っている宗教界がカトリックを含めて戦争に対してノーと言いました。ヨーロッパの２つの国のイラク攻撃不参加と主流教会の反戦の立場と２つが合わさって、キリスト教対イスラムの宗教戦争という汚名から辛うじて逃れることができたかなと思います。それにもかかわらず、イスラム側の原理主義が繰り返し、たとえば、インドネシアのスラウェシ島などで九十何％がクリスチャンの平和なこの国の島を襲撃しているということに対して、決してわれわれは巻き込まれてはならないと私は考えています。

「悔い改め運動」から始まった潮流

　結論的なことを申し上げますが、2番目に伝えたいところで、世界のキリスト教潮流で最も注目すべきは、今世紀に入る前に起こった、ローマカトリックのヨハネ・パウロ2世の「悔い改め運動」です。これは、1960年代の第二ヴァティカン公会議でレールがすでに敷かれておりましたけれども、今から3年ほど前にこの話を聞くために、100万人もの若者が、世界中からパリに集まっているんです。最近、カナダで行われた彼を迎える集会でも、60万の若者が集まっています。彼は「あなたたちは光であり、塩である」と語り、ご老体をかけて語る言葉にたくさんのカナダの人たちが、メディアを通して感動的な場面に触れたということです。ヨハネ・パウロ2世はキリスト教歴史の罪責3つを挙げました。異端を刎頸にした罪責、昨日紹介された十字軍を立ち上げた罪責、それからドイツで起こったユダヤ人へのホロコーストのときにローマ教会が沈黙を守ってきた罪責。私は、これが今日における聖霊運動だと思っています。このような悔い改め運動がないところで、私どもは平和に取り組むことが許されないと思います。キリスト教歴史における罪責告白が和解の入口に立たせると思います。

　エミール・ブルンナーという、戦後ICUの教授として赴任されたスイスの神学者は『教会と国家論』の中で、個人の罪は些細だが、国民の名で犯す罪は1000倍になると言いました。この神学者の言葉を聞くときに、私は集合的な国家体制の下における一人一人が問われるのだと感じます。その構造そのものから、われわれが集合的帰属性というアイデンティティを問うていく、日本人であるとか、あるいは韓国人であるとか、朝鮮人であるとか、アメリカ人であるという形で問われていく罪責の重みをきちっと考えなければならないと思います。

　そういう意味で、昨日、野田先生から指摘があったように、鈴木正久先生によってなされた戦争責任というものに対してキリスト者は罪責を負っているという告白は大きな意味があったと私は思います。それは議長個人の名前で、教会全体がそういう形で応じたわけではないというご批判があったにもかかわらず、そこで日本のキリスト者に見えてきたものは、実はアジアで、その間侵略され、

植民地体制下にいた人々の苦難と痛みでした。鈴木さんがずいぶん詳しく述べてくださいましたけれども、日本人キリスト者の目覚めによる連帯もあって、韓国のキリスト者が戦後いろんな紆余曲折を経ながら、冷戦構造の中で南北分断の状況を脱出して、2000年に両方の首脳によって和解と統一への宣言がなされたわけです。その背後にある、韓国のキリスト教という中身をみなさんにご承知いただきたいと思うんですが、クリスチャン・ポピュレーションは日本に比べて非常に厚いわけです。それが教会の名で悔い改めを宣言しています。たとえば、88年の「南北民族和解と統一」の教会宣言では、北の同胞を敵としてきた反福音（キリスト）の罪を告白しています。

　韓国のキリスト教会の成長は、基本的に民族に代わって自らの罪を告白するという繰り返しの行為によって、抵抗のキリスト教でありえたことであります。それは今でも変わりません。非常に違う形で、どちらかというと韓国教会のご利益主義的なところが、日本のメディアにちらちら映るわけですが、いったん何かがありますと、自らの民族の罪を教会が負うスタンスが出て来ます。IMFの政策で韓国の経済は破綻するときに、「私のせい」だというスローガンで先鞭をつけたのはキリスト者の働きで、それを3年後に国家の財産を赤字から黒字に転ずるという働きを今でも変わりなくしているのですが、それは「自分のせい」でこの国が崩壊しているんだ（1967年）との悔い改め運動から教会の土台が据えられたのです。それが韓国キリスト教会の成長の秘密であります。

　しかも遅ればせながら、日本基督教団ならびに他の多くのキリスト者も、日本の侵略戦争の罪責告白をする流れの中ではじめて隣国の民主化運動に手を差し伸べて連帯を表明しました。韓国の軍事政権下で神父、牧師さんたちが抵抗して、繰り返し投獄されるあの時代の連帯が成り立っていたのです。これは、隅谷三喜男先生が言っているように、日本の教会の歴史あるいは一般史の中で、アジアのために連帯したはじめての歴史経験だったのです。古代史から今日までの稀有な歴史だ、ぜひ書き残せということで、『世界』2003年11月号に「南北和解の原点としての韓国民主化運動」と題して、その間の連帯の働きを紹介させていただきました。

キリスト教の功罪と聖書解釈

荒井 献

　私は聖書学、とくに新約聖書学が専攻なものですから、聖書学の立場からまず問題を提起して、最後にまとめて昨日お話になった3人の方々に質問をいたしたいと思います。

　世界平和を創出するために「正義の戦争」——この歴史に関してはマルクスさんが昨日非常に的確にまとめてくださいましたが——を認めるか否かをめぐって、キリスト教の功罪は聖書解釈と不可分の関係にあります。それにもかかわらず、世界の、とくに日本のキリスト教会は、このことに必ずしも自覚的ではないと思います。

戦争認否の聖書的典拠

　第一に、戦争認否の聖書的典拠を指摘したいと思います。
　その中の（Ａ）は、戦争を否認する立場です。戦争を否認する立場、いわゆる平和主義の立場は、その聖書的典拠として、多くの場合、新約聖書におけるイエスの言葉、とくにマタイによる福音書26章52節のイエスの有名な言葉を挙げます。
　これは、イエスが逮捕される場面で語った言葉です。マタイによる福音書では、イエスと一緒にいた者の一人、おそらく弟子の一人が手を伸ばして剣を抜き、イエスを逮捕しようとした大祭司の手下に打ちかかって、片方の耳を切り落とした。そこでイエスは言った、「剣をさやに納めなさい。剣を取る者は皆剣で滅びる」と。この言葉の後半「剣を取る者は皆剣で滅びる」は、キリスト教平

和主義者によってよく引き合いに出されます。しかし、聖書学的にみて興味深いのは、むしろその前半「剣をさやに納めなさい」のほうです。この言葉は、最初の3つの福音書と成立史的にほとんど関係のないヨハネによる福音書の18章11節にも見出されるのです。

　これについてはまた後に触れますが、同じマタイによる福音書の5章43〜45節を読んでみましょう。ここにはイエスの有名な「愛敵」の教えが述べられています。

　　あなたがたも聞いているとおり、「隣人を愛し、敵を憎め」と命じられている。しかし、わたしは言っておく。敵を愛し、自分を迫害する者のために祈りなさい。あなたがたの天の父の子となるためである。父は悪人にも善人にも太陽を昇らせ、正しい者にも正しくない者にも雨を降らせてくださるからである。

　しかし、これに通底する言葉は、旧約聖書にもあります。昨日、野田さんが、「どうしてキリスト教徒は戦争を肯定する旧約聖書を棄てないんですか」と言われました。しかし、旧約聖書にも平和思想はあるわけで、それがイエスにも通じているという側面はあります。有名なイザヤ書2章4節、これは平和預言であります。

　　主は国々の争いを裁き、多くの民を戒められる。
　　彼らは剣を打ち直して鋤とし
　　槍を打ち直して鎌とする。
　　国は国に向かって剣を上げず
　　もはや戦うことを学ばない。

　預言の形ではありますが、旧約聖書の預言者の言葉の中に平和志向が脈々と流れており、それがイエスの平和思想に通底していることは否定できないだろうと思います。

次は（Ｂ）、戦争を認める立場です。この立場は聖書的典拠を主として旧約聖書に求めます。たとえば申命記20章1〜4節、あるいは10〜14節まで。この箇所は、モーセに率いられてエジプトを脱出したヘブライ人が、苦難の末にヨルダン川東岸に達した際に、モーセが神の名によって、ヨルダン川西岸の地、つまりカナンの地を武力を持って占拠することをヘブライの民に命じている言葉にあたります。ここでは、戦争が肯定されているだけではなく、男子はすべて剣で打ち殺し、女子はすべて捕虜にして自分の好きにするがよい、と命じられています。神から預言者として立てられたモーセによってですよ。

　しかし、新約聖書のイエスの言葉にも、敵に対して剣を取ることを是認している箇所もあるのです。それはルカによる福音書22章36節です。これはマタイによる福音書にもマルコによる福音書にもヨハネによる福音書にもない、ルカによる福音書にしかない言葉です。このようなルカによる福音書にしかないイエスの言葉というのは、その中にルカの考えが盛られているイエスの言葉だと考えて差し支えないと思います。ここでイエスは、「剣のない者は服を売ってそれを買いなさい」と言っています。これはイエスが逮捕される前の状況を背景にしています。

　それを踏まえて、ルカによる福音書におけるイエス逮捕の場面では、先ほど挙げた「剣をさやに納めなさい」という言葉の代わりに、大祭司の手下に打ちかかって右の耳を切り落とした弟子の一人に対して、イエスが、「やめなさい。もうそれでよい（新共同訳）」と言っております（22章51節）。

　ちなみに、岩波書店から出ている『新約聖書』では、佐藤研君がこれを「止めよ、そこまでだ」と訳しています。「そこまで」は、つまり切りかかって耳を切り落とすところまでは、イエスは認めているのです。これには、先ほど引用した、「服を売って剣を買いなさい」というイエスの言葉が前提されているのです。

　こうして見ていきますと、（Ａ）の場合は鈴木伶子さんが言われる「仕える神」に、（Ｂ）の場合は「支配する神」に近い。すなわち、聖書の中に戦争を否認する側面と、是認する側面との２つの側面があるということです。このことを私たちは認めなければならないと思います。

原理主義的解釈

　第二に、聖書のいわゆる「原理主義的解釈」に移ります。「原理主義」は「ファンダメンタリズム」の訳語ですが、「根本主義」とも訳されます。これは1920年代にアメリカに起こった福音派の立場でありますが、聖書の無謬説を唱えて、いわゆる「逐語霊感説」に立ちます。つまり、聖書は神の霊感によって書かれたものであるから、その中に書かれてあることはすべて誤りがなく、絶対である、と。

　もっとも、ファンダメンタリストと言われている人々は、元来「福音のみ」「信仰のみ」を標榜して、政治的には非介入の立場をとっていました。それが、1970年代、とくに1980年の大統領選挙を期とし、一転して積極的政治介入策をとって、レーガン支持の「新右翼」となりました。彼らが現在ブッシュを支持する大票田になっているのです。

　こうして彼らの運動は、敵と言われる人々を自分と同じ立場に立たせようとする政治運動と結びついているために、自らの運動の正当性を、聖書の中の、先ほどの（B）的な要素、つまり戦争を認める要素によって絶対化しているのです。

キリスト論的解釈

　そこで第三に、聖書のいわゆる「キリスト論的解釈」を取り上げてみたいと思います。この「キリスト論的解釈」というのは、先に触れた「原理主義的解釈」の対極をなすと言われています。この立場は、イエス・キリストの教えはどちらかと言うと（A）の立場が強いわけで、この要素に視点を置いて、それに逆行する言葉、つまり（B）的な要素は、それがたとえ聖書の中にあっても、それが語られた歴史的文脈を考慮に入れて、それを批判的に読むというものです。

　しかし、問題は、イエス・キリストの教えと言っても、それが述べられている福音書の箇所によって必ずしも統一的ではないということです。前に述べまし

たように、同じイエスが逮捕される場面で、イエスはマタイによる福音書26章52節とそれに並行するヨハネによる福音書18章11節では、「剣をさやに納めなさい」と命じているのに対して、ルカによる福音書22章51節では、「止めよ、そこまでだ」と言って、限定的ではありますが、相手を剣で切りつけていることは認めております。しかも、この場面に先立ってイエスは、ルカによる福音書22章36節で「服を売って剣を買いなさい」と弟子たちに勧めておりました。

　マタイによる福音書26章52節、ヨハネによる福音書18章11節の「剣をさやに納めなさい」というイエスの言葉は、成立史的にはお互いに関係のない2つの福音書にあるということで、私たちのように聖書を歴史的批判的に読む立場からしますと、限りなくイエス自身の言葉に近いと思われます。それに対してルカによる福音書の22章36節と51節の言葉は、ルカによる福音書にしかありません。したがって、ここにはルカのイエス理解がかなり強く反映していると思います。ルカはイエスに敵対するユダヤの支配勢力に対して、武器を取ることを認めていることになるのです。しかも、ユダヤの支配勢力、つまりユダヤの最高法院を構成するメンバーが直接イエスを捕らえに来ているのは、ルカによる福音書だけなのです（22章52節）。マタイによる福音書では、彼らが「大勢の群衆」を、あるいは彼らの「手下」をイエスの逮捕に遣わしています（26章47節）。ヨハネによる福音書ではローマの軍隊も一緒になって来ているのです（18章3節）。ですから福音書の中でルカによる福音書は、最も反ユダヤ的立場を鮮明に出していると思います。逆から言いますと、ルカは親ローマ的なのです。

ナイーブな原理主義的解釈

　ここで第四に、「ナイーブな原理主義的解釈」に移ります。いわゆる「原理主義」の立場はとらないけれども、結果としては「ナイーブな原理主義」に傾く解釈が、実は日本のキリスト教界に多いのです。

　一例を挙げますと、羽仁もと子の場合です。彼女は「満州事変」に際しては、「剣を持って立向かっていくペトロをお叱りになったキリスト」に拠って、軍備

撤廃を説いております（『婦人之友』1932年1月号）。ところが日中戦争開始後には、「衣を売りて剣を買へ」と題して、この聖句に拠って、「一人残らず戦場に出た気持ちで、本気になって戦うことです」と女性の読者に訴えています（『婦人之友』1937年9月号）。

　婦人之友社は今年（2003年）の8月号（『婦人之友』創刊100周年記念号）に、過去のこういう資料を全部公にしました。これはキリスト教ジャーナリズムの中では非常に勇気のある編集姿勢で、私はこれを高く評価したいと思います。これによれば、羽仁さんは政治状況の変化に応じて、福音書における複数のイエスの言葉を、その中に認められる思想の差異を無視して引用し、それに拠ってその時々の自己の立場を正当化しています。日本の敗戦後、羽仁さんは再び（A）の立場に戻りました。そして世界平和を説きます。しかし、彼女は（A）から（B）、（B）から（A）への変化に対する戦争責任については公に表明しておりません。これが野田さんの言われる「無罰化」の典型的なキリスト教タイプではないかと思います。

　野田さんは『戦争と罪責』（岩波書店、1998年）という名著を書いておりまして、その中で「無罰化」という言葉を使っております。戦後、戦争の受け止め方の中に、「無罰化」という受け止め方があった。

　　戦争の加担者も被害者もひっくるめて無罰化し、勝っても敗けても戦争は悲惨なものだからと捉え、平和を唱える動きがあった。この反応は平和運動として表現された。その平和運動にも二つの流れがあり、「一般的無罰化」の心理から絶対平和主義を主張するグループと、自分たちを無罰化した上で、なおも反戦勢力（社会主義圏）と好戦勢力（アメリカ）を分けて考えるべきだと主張するイデオロギー的無罰化のグループがいた。いずれにせよ、自分たちが何を行い、何を失ったのか、直視しようとしないことにおいては同じであった（8〜9頁）。

　羽仁さんの場合は前者のグループにあたると思います。ただ、羽仁さんの場

合は彼女個人に限らず、戦中から戦後にかけて男女を問わず日本のキリスト教界で指導的立場にあった人々に、もちろん例外もありましたが、ほぼ共通しております。この点は野田さんも昨夜再度指摘しておりました。

おわりに

　おわりに、まとめに代えて以下の点を指摘しておきます。
　キリスト教は、歴史上、（A）から（B）、（B）から（A）、（A）から（B）と動いています。最後に（A）から（B）と動いていると言ったのは、私の所属する日本キリスト教団もその例外ではないからです。ところがその動きに対する自己批判的、内部批判的総括がほとんどないのです。その理由の一つに、私はキリスト教界、とくに日本のキリスト教界がナイーブな原理主義的聖書解釈から自由になっていないことが挙げられると思います。（A）の視点から（B）を克服する仕方で、批判的歴史的に聖書は読まれるべきではないでしょうか。それなしに聖書を護教的に読みますと、キリスト教は世界平和に対してプラスにもマイナスにも機能しうる。聖書学的視点からキリスト教の功罪が問われる所以であります。

講演者への質問

　以上の点を踏まえて、昨夜基調講演をされた3人に短く質問をいたします。

正戦に対して現在はどのような問題が投げかけられているのか
　マルクスさんの話は昨夜、中世止まりで現代までできませんでした。そこで、現代の動向について「要約」に沿って質問いたします。
　教皇ヨハネ23世の回勅を引用している箇所です。「防衛戦争の際の正当性に、深刻な疑問を投げかけた」と言われていますが、それは「原子時代の今日」という状況だけを考慮して出されたのか、あるいは「正義の戦い」それ自体の正当性に対して「今日」神学的にも「深刻な問題を投げかけた」のか。とくに後者

の点について、マルクスさんは神学者としてはっきり発言していただきたいと思います。

聖書の中に「負の遺産」があることを認められるか

　鈴木さんは「支配する神」と「仕える神」とを分け、「支配する神」に「キリスト教的バアル」という表現を使っておられます。「バアル」というのはもちろんヘブライ人が占拠したカナン土着の農耕神であって、そのバアル的要素がキリスト教における「支配する神」の背後にあると鈴木さんは考えておられるのではないかと思いました。

　しかし、今私が話しましたように、聖書、とくに旧約聖書そのものの中にも(B)の要素はあるわけです。聖書それ自体の中に克服さるべき「負の遺産」があるのです。これは決してバアルというキリスト教以外の農耕神的な要素から出てきているのではありません。そのことをお認めになるでしょうか。

戦後の日本キリスト教会は自らの罪を認めたか

　もう一つ、鈴木さんは「要約」の中に、「1960年代後半からほとんどのキリスト教会が戦争中に戦争協力してきた罪を告白してきた」と書いておられます。しかし、たとえば、1967年に出された「第二次大戦における日本キリスト教団の責任についての告白」も、教団の告白としてではなくて、当時教団議長であった鈴木さんのお父さん、鈴木正久牧師個人の名前で公にせざるをえなかったのです。この告白を教団名で出すことに反対する勢力が強かった。それなのに「ほとんどの教会が戦争中に戦争を協力した罪を告白してきた」と言えるでしょうか。

　野田さんが、「謝罪する」とはどういうことなのか、「罪を告白する」とはどういうことなのか、ということについて、私が先に言及した『戦争と罪責』の中に、次のように書いておられます。

　　謝罪するとは「すみませんでした」「二度としません」と単に頭を下げること

ではない。自分が何故残虐な行為を行なったかを分析し、それを被害者に語り、さらに罪を背負って、いかに生きているかを伝えることである。許しは、その中にしかない(243頁)。

どうでしょうか。戦後の日本のキリスト教会はこの意味で謝罪し、しっかりと過去の罪を分析し、語りかけ、それに相応しい生き方をしてきたと言えるでしょうか。

なぜ日本人には罪の意識がないのか
　野田さんの「要約」のおわりに、「日本人は戦後、後発健忘あるいはヒステリー性健忘に陥っている」と書いております。つまり、後発的に過去の記憶を忘れた、そして新しい物語を作り出す、とういう操作をしている。この問題を罪の意識との関連で説明してほしいと思いました。
　野田さんの本の中にも、ドイツやアメリカに比較して、日本では戦後、戦争に行った人々が陥る罪責感に起因する戦争神経症が極端に少ない、そして健忘症に陥る、それで正当化してしまう、これは「感情麻痺」だと書いています。
　どうしてそうなのか。野田さんは罪責の分析が仕事であって、その原因までは問わないと言われるかもしれませんが、その原因に関してもできればご意見をお聞きしたいと思いました。

討論

司会（蓮見）■前半部分の最後に問題点を私なりに整理して、基調講演者の方々が後半部分の最初にお答えいただく場合、そういうところに力点を置いていただきたい。
　まず、マルクス先生でございますが、ジックモンド先生も荒井先生も、正義の戦争理論、正戦論についていくつか質問されました。私からも追加的に、非常

に細かい話ですが質問させていただきます。カトリック教会に限らず欧米のキリスト教各派でやっていることですが、従軍牧師（ミリタリー・チャプレン）というものがあります。マルクス先生もおっしゃったように、カトリック教会はイラク戦争には反対した。それにもかかわらずカトリックの神父さんがイラク戦争に従軍しているのです。これは日本の新聞も大きく取り上げておりました。これについてはどのように説明されるのか。それは霊魂と肉体の問題は別なのだという霊肉二元論ないし二王国説の考え方に基づくとお考えなのか。このあたりもご説明いただきたいと思います。

　鈴木先生につきましても、ジックモンド先生、荒井先生からご質問がありましたので、それについてお答えいただきたい。ただ、私がお願いしたいのは、フィリピンのNCCと日本のNCCが協力して開発の問題に取り組もうとしているということについてです。ご存知のように、フィリピンのバウゾン先生がいらしている関係もございまして、日比NCC協力関係について、ちょっと具体的に説明していただければと思います。

　野田先生につきましては、今、荒井先生もおっしゃったし、ジックモンド先生からも質問がありましたが、私がお聞きしたいのは、精神医学的な見地から見て、日本人キリスト者は厳しい心境で信仰に徹しきれない面があるんじゃないか、という気が私自身しているんです。そのあたりはどうなんだろうかということを、できましたらお答えいただきたいと思います。

　まず李先生に、前半部分での冒頭発題の続きからお願いいたします。

北東アジア和解のために何をすべきか

李■先ほどの最後の大事なポイントに触れることなくストップをかけられて申し訳なかったと思います。第一点残したことで言いたいのは、今、日本人の総体が非常にヒステリックになっているということです。これは、アメリカの『ニューズウィーク』の編集者がヒステリックだと言っているように、日本のメディアが北朝鮮によって日本人が拉致されてしまったという拉致問題、それから始まる核問

題ですが、実際は小泉さんも署名した『平壌宣言』を丁寧に読めば、北東アジアの平和への道があります。北東アジアの安全保障と平和のために北と日本が一緒にやっていくんだと宣言しているわけです。このゴールに向かって日本のキリスト者が、かつて韓国のキリスト者と連帯した同じような形で南北のキリスト者が一生懸命になって連帯を構築しているこの働きに参加してほしいのです。

　今、6カ国会議ということで北の核兵器開発問題がホットイシューですが、ちょっと時間がかかると思うんです。それにもかかわらず、北が安全保障をブッシュ大統領の名前で欲しているということは、北東アジアではもはや戦争ができない、そういう状況が生まれるのに、日本の保守的な政治家は北の脅威を煽っています。そういう流れに抗って、むしろもっと北東アジアの共同の安定のために、新しい方向づけを作るのにキリスト者は貢献しなければならんというのが私の訴えです。

　そして、イエスが最後に弟子たちに語った言葉がヨハネによる福音書の中に出ているんです。平和へのイエスの遺言という形で、弟子たちに向かってイエスは「私は平和をあなた方に残し、私の平和を与える。私はこれを世が与えるように与えるのではない。心を騒がせるな、怯えるな」と言っています。イエスにとって世というのは、書かれた歴史的な文脈からすると、すでに成立したパックス・ロマーナの体制だったと考えられます。そういうものではないんだ、ご自分が与える平和というものは、それは先ほど申し上げた平和を包括的に理解しなければならない、そのこととつながります。ましてや戦前のパックス・ヤパーナではなく、またパックス・アメリカーナでもなく、パックス・ブリタニカでもあってはならない。そういう愚かさを繰り返さないために、日本の軸足の一つは最低限、朝鮮半島とアジアにおいてほしいというのが私の日本人へのアピールでございます。

　そういうことをみな共同で協議する集会が、私の最後のところに紹介されていますが、歴史的な真実をつかみ、やがて平和をもたらす和解のためにどういうことをしなければならないかということに関しては、野田さんが先ほど触れられた、聖書的な和解の神学に非常に共通なものがあるということの認識を、私

はこの会に出て共有させていただきました。

3つ具体的なことを申し上げます。

罪責告白を個別的に根付かせるためには、加害者も被害者も共に力を移譲することが必要です。たとえば、聖書の中に出て来るザーカイはユダヤ人にもかかわらずローマの側に立っていたのですが、イエスとの出会いの中で、自分が不正で得た富を4倍にして返したいと言いました。こういう力の移譲、自分たちの収奪したものを返していくという構造が世界的に確立するためには、まず世界の貧富の格差ということをしっかり考えることが必要だというのが第1点。

2番目に、それを具体的に達成するためには、かつて侵略された側の人々との連帯なしに自分の姿は絶対見えない。私はスペインが南米を征服するときに唯一、弱者の側に立って叫んだラス・カラス神父さんの言葉を思い出します。「何千回となくイエス・キリストは西インド諸島で、今日も鞭打たれているんだ」。「やられる側」の人間の中にわれわれはイエスの十字架を見ることができるかどうかが問われる。それはマタイ25章の「最も小さい兄弟にしたことが、私にしたことである」と言われた。裁き主の言葉の中にもつながっていくんじゃないかと考えます。私はその意味で、歴史の中の個別的な人格であるイエス、十字架を担われた彼に従っていくなかで、普遍的な人格をそれぞれが回復できると思います。

3番目に、M・L・キングは結果的にベトナム反戦に踏み込んだわけですが、非暴力抵抗主義という運動が今日の世界平和に貢献できる一つの道ではないかということを、あえて具体的に提案させていただきます。

質問に対する回答

司会■これから昨日、基調講演をしていただいた3人の方に先ほどの質問その他に答えていただきます。それではマルクス先生どうぞ。

従軍牧師について
マルクス■私に対して2つの質問があったかと思います。最後に出た従軍牧師

の件につきましてどう思うかというのは、一番答えやすい質問で、あと正戦について荒井先生とジックモンド先生のご質問にまとめて答えさせていただきます。

まず従軍牧師（プロテスタントの表現を使うならば）、これについては正しいことだと思っております。すべての宗教に共通する大前提は、人間がただの肉の塊以上のものであり、精神的なニーズを持っているのだということです。戦争に参加する兵士はキリスト教徒である以上、教会がカトリックであれプロテスタントであれ、その人個人の霊的ニーズ、面倒をみることが従軍牧師の役割です。それは戦争の正当化とか応援ではない。霊魂、身体の区分に基づいているのかと言われますと、そんなものでしょうね。

現代的正戦論
マルクス■2番目の正戦論につきましては、確かに荒井先生が鋭く指摘したように、近代の正戦論の基本的な原則が2つあります。1つは釣り合いの原則です。これは中世には言われていなかった。つまり、それによれば、武力行使による害、被害と加害、武力行使に期待しうる現状改善、それが釣り合っていなければならないという原則です。武力行使による害と、加害と被害両方を含むんですが、今の現状に対してどれだけの改善が期待できるか。それが釣り合っていなければ戦争をしてはいけない。2つめは軍民区別の原則です。それによれば、一般市民を必要最低限以上に武力行使に巻き込んではならない。

この2つの原則に照らしてみれば、第二次世界大戦の後、古典的な最も有力であった教会法の許可書を出したヨハネ・パウロ23世教皇に枢機卿として仕えたオタビアーネという人が、現代の戦争は従来の正戦論で想定されていることがらとは、とりわけその希望などにおいて比べ物にならず、まったく異質のものであるので、従来の正戦論では戦争はもう正当化できない、という結論を出した。これを踏まえたうえでヨハネ23世はちょうど40年前、今年40周年を迎えた回勅『パーチェム・イン・テリス』（地上に平和を）を出し、原子時代の今日、侵害された権利を取り戻すために戦争するということは非合理的なものであるといった意味で、防衛戦争にさえも疑問を投げかけたのです。これが原子時代

の今日という表現をそのまま引用したので、回勅の中で教皇自身が科学兵器という言葉を使っております。これが原子を含めてどんどん転移していくのだから、先ほど申しました2つの原則、釣り合いの原則と軍民分離の原則は守れません。

　だから理論的には戦争は正当化できない。これはかなりの議論になったところで、第二ヴァティカン公会議は、それにもかかわらず直接の攻撃がある場合、それに立ち向かって防衛するという権利を政府には断れないとの結論を出しました。教会の権限だけでそれができます。アメリカの司教団が戦争と平和についてのアメリカ教会の立場を去年の秋、ブッシュ大統領に対して再確認したところですが、非暴力、つまり平和主義と防衛戦争の両方とも、カトリック信者にとっては正当な議論になりうるし、それぞれの立場からの正当な判断があって、教会の権威をもってこうだこうだとは言えないということです。

　ですから荒井先生またはジックモンド先生の質問に対して、今でもなかなか答えにくい。少なくとも2000年の伝統を踏まえたうえにできた正戦論に照らして、今のイラク戦争のようなものが果たして正当な戦争と言えるかどうか。

　昨日も申したように、古代ローマ時代からの話ですが、戦争というものは国家同士にしかありません。ですから私は個人的には、9・11テロ事件の2日後、ブッシュ大統領が記者会見で、"We are at war"（われわれは今戦争に直面している）と述べたので、びっくりしました。相手は国じゃない。アフガニスタンであるとはいえ、国じゃない。どういった意味でそう言うのかといえば、少なくとも言葉遣いに注意していただきたいということと、もう1つ、昨日も引用いたしましたが、戦争を布告できるのは、自分自身の上には権威のない（最高の権威である）君主、さらには他の執行権が対抗しない場合だけです。ですから、とくに確かに国家同士の戦争というよりはテロ、しかもグローバルな組織的な規模のテロがますます問題になるかもしれませんが、そのときには一国だけでは、あるいはそれに参加しようとする一握りの国々だけでテロに立ち向かうことは無理でしょう。結果を見たら不可能です。

　ここには国の責任者と、この場合は国連の安保理での釣り合いがなければ

ならないと思います。さもなければ、李先生が言ったように、文明の衝突になってしまう。たとえば、フランスの司教たちはそれを一番心配していた。去年ブッシュ政権に反対したドイツのシュレーダー首相はまさにそれです。しかも、それぞれの国では名古屋市の人口以上のイスラム教徒の人口を抱えているわけですから、これは絶対避けなければならない。いい方向に動いてはいません。イラク戦争の現場だけでなくて、西洋社会とイスラム社会がいい方向に動いていませんし、願わくば日本がその戦争に巻き込まれないように願うしかありません。

戦争を肯定するキリスト者に対して何をするか

鈴木■ジックモンド先生のご質問は端的に言えば、キリスト教徒だと言いながら、たとえば戦争を肯定し、それに協力していくような考えの人に対して、私たちがどう対応していくのかというふうにまとめていいかなと思うんですが、これは私にとっても非常に大きな問題です。私はNCCの議長ですが、そこの構成団体の一番大きな日本基督教団の首脳部はそのことに触れないという形で戦争に反対しない、これにどう対応していくかです。

　私が心がけていこうと思っているのは、対立構造にすることなく対話をしていきたいということです。まどろっこしく思えるかもしれませんが、私は自分の信念に従っていろいろ行動するわけですけれども、その信念が絶対に正しいかどうかというのは神様しかわからないし、相手もどこでどう変わるかわからない、また自分も変わるかもしれない。そのことにいつも留意しながら、相手と対話をしようと思っています。

　日本の平和運動は自分だけは正しいと思ってしまったし、キリスト教の中でもとくに日本基督教団は問題提起が対立構造になってしまって、対話がまったく行われていない。そのことが非常な悲劇だと思っていますので、対話を続けていきたい。

　もう一つは、なぜ戦争に反対なのかという一つ一つの課題を、具体的に信仰者の自分の言葉で語っていく積み重ねをできるだけしたいと考えています。これは、NCCが声明を出しても、政治的な言葉で語るのでは教会に伝わらないと

いうことをよく言われておりまして、なぜそのことにキリスト者として反対なのかということを信仰の証しのような形で語りたい。

　ついでに言いますと、NCCは今総会期に、新しく神学宣教部門を作りました。今まで宣教奉仕部門が障害者や在日外国人といった社会的弱者の問題など、さまざまな課題に取り組んできたわけですが、そのなかでなぜその問題に取り組むのか、靖国神社問題がなぜ私たちの課題なのかということについて、たくさん信仰の立場の言葉が語られてきています。それを集め、さらに拡充して、実践的な宣教の部門と神学、それも難しい神学ではなく、具体的に私たちが生きていくなかで考えていくような神学の部門を作りたいと考えています。そういったところに、できるだけ女性の言葉が入ってくるといいなと思っています。

　荒井先生に私が言いたかったのは、聖書学者がただの信徒にああいう質問をするというのは酷ですね、ということです。だいたい、先生が生徒に質問するときは答えを知っていて、こうあるべしと知っているのに質問するので、ちょっと意地が悪いと思います。私は教師をしていましたので。

　確かに、私も教会学校でバアルの話を聞いたときは、あれは悪い神様であってはならない、だから戦ったみたいに思ったんですが、その後で聖書を読んだときに考えました。女性の方はすぐわかってくださると思うんですが、文章を全部正しいと思って読むと、旧約聖書のみならず、新約聖書も捨ててしまいたくなる言葉がいっぱいあるのです。つまり、その時代と社会的背景の中で語られたということをきちんと分析していかないと、その意味はわからないということが実感的にわかるわけです。ですからバアルというものもそういうものだろうと思っています。

　私があの中で言いたかったことは、バアルがどこかにある悪ではなくて、自分の中にある力とか豊かさ、安定とかを求めるものというのがバアルだと言いたいと思ったわけです。違っていたら聖書学者が教えてくださるでしょう。

弱者の視点を忘れず自らの言葉で考えること

鈴木■第二次大戦の戦責告白のことですが、確かにあれはかなり無理をして、

その当時の若手の牧師さんからの要求と在日大韓教会の方たちに出会ったことのなかで発表された、と後になって私は知りました。そういうなかでかなり合意なしにやられていることが今あらわになってきている点がたくさんあります。ただ、それにしても私は、これはいかなる言葉でもそうなんですが、一度出された言葉の責任と重みがあるだろうと思うのです。それは戦争中の言葉が後でいかなる状況だったと言っても、やはり発した言葉には重みと責任があると思っています。

　ついでに、私の父の名前で出したことについてですが、荒井先生は私をよくご存知ないから、父との結びつきだけでご覧になるのだと思いますが、私は環境的にも遺伝的にもそういうものを受け継ぐことはなかったのです。その当時、私も忙しかったし、父も忙しかったから、話し合いもしていない。私は、戦争責任告白を一教会員として教会で聞いたんですが、それよりもむしろ、その後で、昨日もお話したように、韓国の人と出会い、償いようのないことを赦されて、彼女が今も韓国で私のために祈り、見守ってくれているというなかで、私は自分の戦争責任告白というものが自分の言葉になってきています。

　やはり、教団にしても他の教派にしても、みんな公にされたものがあって、バプテスト連盟でさえ、個々の教会がみんな賛成してもそれは一色ではない。そういうなかで一人一人の、とくに信徒が戦争責任告白を自分の言葉で、小さい体験でもいい、今、李先生がおっしゃってくださいましたが、ちゃんと語れるようになったらいい。そのために私は、かつて私たちが経験を与えていただいたのと同じように、若い人たちがアジアの国々に行ってみることなどを奨励しているわけです。

フィリピンのODAについて

鈴木■もう一つ、フィリピンのODAのことですが、これはまだ取組みはあまりなくて、一方的にフィリピンのNCCからこんなに悪いんだよという現場を見せられたりしている段階です。

　ただ、協力できたことを挙げますと、かつて足尾銅山にフィリピンNCCの方た

ちをご案内して、そこで鉱毒の公害のことを見ていただいた後、その人たちがフィリピンに帰ったら、ある海で同じことが起こっていることがわかった。これだ、これがこういう現象を起こすのだということで、すぐに日本のNCCに言ってきた。その鉱毒を出している足尾でできなかったからフィリピンに持っていったという形で結びつけて運動をしたことがあります。まだ他のことがあまり進んでいないので、恥ずかしく思っています。

日本の権力者が何を考えているか
野田■荒井先生やジックモンド先生から出されたことは、昨日語ったつもりでいたんですが、舌足らずだったと思います。

　まず荒井先生のお話で健忘という問題を私は出しましたが、「忘却する」、これは行った行為を忘却するのではありません。日本の多数の人がしているのは、自分が行っていないと思っているから、旗を振って勝利を祝ったり、あるいは空襲があったりしてひどい目に遭ったという体験の世界で、あと東京裁判とか、たまに731部隊（旧日本陸軍の秘密の細菌戦部隊）とか、これは知ったことであります。体験ではありません。だから、知ったことについて忘却しているわけです。自分の人生の流れの中から排除するということです。それと戦争に行って残虐なことをいろいろやったことを体験した人が、それを否認するということとはレベルが違うことです。それを分けておかないといけないと思うんです。

　昨日の説明では、全体として行われている忘却のことを話しました。否認と忘却は重なり合いながら動いているわけですが、それはなぜか、罪の意識がなぜないのか、あるいはジックモンド先生がおっしゃられた、私は強制する、どうやって強制していくのかという言葉は、強制は無理でしょうが、どうやって進めていくのかということです。まず、現在の日本の進行している文化の中では、あまり可能性はないだろうと思います。いくつかの事例を挙げます。

　河合隼雄という心理学者がいます。彼は日本のマスコミである程度リベラルとみんなが信じている（私は信じませんが）人ですが、朝日新聞や岩波の『世界』をきちっと騙しています。彼は小渕首相の「21世紀日本の構想」という懇談会

の座長をしていました。そこでこうまとめています。「国家にとって教育とは、一つの統治行為であり、国民に対して一定限度の共通の知識あるいは共通能力をもつことを要求する権利を持つ。そして国民がそういった国家が作った一定の認識能力を身につけることが、国家への義務である」と。

戦後の社会で伝えられた義務と権利とはまったく別のことを言っているわけです。ひっくり返したことを言っています。そして彼は自民党国会議員を前にして、国家戦略本部の講演で、「これからは道徳と宗教がすごく大事になる。宗教については世界で初めてキリスト教と関わりのない国で、個人主義を確立した宗教を作ってみせる」と言っています。そして近いうちに、高校の宗教の教科書を自分たちが作ると言っている。おそらく予算は作られているのでしょう。そういうことを言っておきながら、彼は「こういったことは政府とか総理大臣が言ってはいけない。なぜかというと宗教と道徳とかと言うと、ジャーナリズムは全部反対します。ジャーナリズムが反対したら、国民も全部それに同調しますから、言うだけ損みたいなものです。いいことを言えば言うほど反対されますから、そのことは抜いておこう。しかし、上手にもっていけばできる。そういうことを考えるのは、われわれ学者の役割です」と言っているのです。

こういう場面、場面に応じて使い分けをする人は、ジャーナリズムの世界に対しては「個」の尊重を言い、一方ではこういうことを政府に言っているわけです。これは一つの典型的な日本の知識人であり、権力者の人格構造です。現に彼が作った小学校、中学校用の道徳の教科書『心のノート』、あそこには必ず礼儀とは伝統に基づいてそれぞれの場面場面で自分を装いなさい、そうしたらいいこととして評価されますよ、ときちっと書いてあります。その場面というものの最後には、愛国心を表現しなさいと書いてあるわけです。

こういう形で捉えられた人格、私は道徳とか教育の基本は、自分がこの世に生まれて、人との関わりの中で、一個の人間として統合された人格として生きていくことができるようになっていくことだと思っています。しかし、教えている教育は違います。人格は場面場面に応じて装いなさいという教育と道徳が行われているわけです。これは日本の近代の背負っている問題だと思うわけです。

そういう意味では、話を戻しますが、自分が何をしたかという、主体として行為についての自覚がないところに罪の意識を持ち込むのは難しいでしょう。それから、自分たちの社会が何をしたかということを記憶していくのはたいへん難しいことだと思います。私の調べた限りでは、日本人が残虐な行為を行ったとき、耐えられなかった人はどうしたか。それは病気になることでした。身体化です。その歴史は戦後日本社会の高度成長のなかで、過労死とか過労自殺という形で身体化の伝統を維持しています。精神障害とか何とかといった精神のレベルでなくて、身体のレベルで自分の苦しさを表現する。あるいは自分の感情を麻痺させて生きることをやっているのだと思います。

批判的判断力を育む教育の必要性

野田■私は、小さいときから親子においても友だちの関係でも、人間関係を豊かにするような教育が行われないといけないし、いろんな物事について批判的判断力を持てるような教育が行われないといけないと思っています。その一つの出発がこの「キリスト教の功罪」です。出された言葉は意味があると言われたけれども、私はこんな文化の中でほとんど意味はないだろうと思います。ないけれども、あそこから出発する行為において意味をもたらすわけでして、あそこからいったい日本の教会は何をしたのか、一つ一つ知っていくことが必要じゃないかと思います。私はクリスチャンではありませんから、外からの批判ですが、皆さんはそれを怠ってきた、そして今も怠り続けているというふうに思います。

　たとえば、インドネシアとかフィリピンとか、そういったところに教会がありました。そこに参加されたクリスチャンの方がいます。そういった人たちが中国のクリスチャンの方とどんな対話をしていたんでしょうか。仏教に関しては各地に別院を作りました。そして日本の護国仏教、皇国仏教を広げることしかしませんでした。だから、植民地を100年もやった台湾でも、朝鮮半島でも、その他のアジアでも日本の建てたお寺で残っているものは一つとしてありません。一気に壊されました。それくらい、私たちが行ってきた歴史というものは、いっぱい負の問題を持っています。しかし、そういったことを一つ一つ知ることが必要だ

と思います。そのために資料を集めて知っておくこと。

　たとえば、多くの学生たちがそういった個別の問題について、全部知ることは無理でしょうから、きちっとしたテキスト、全体を俯瞰できるようなテキストを作るということをしないといけない。しかし、そんなこともできていません。全部がからみ合っているわけで、歴史の研究一つとっても、相変わらず皇国史観を引きずっています。古代史や縄文期は優れていたといった発表ばかりされていますし、新聞にそういうことは大きく載っていますし、教育委員会でも膨大な予算が使われております。

　そういったことを一つ一つ変えていくために、しなければならないことをきちっとしていくことが必要ではないでしょうか。たとえば、私はしたいと思いながらできないことがいろいろあります。前から思っていたことをやっているなと思ったのは、アメリカのケートー研究所です。ケートー研究所は精神医学の視点と政治学とをくっつけています。エストニアの人たちはロシアの人たちにどれくらい粛清されて殺されたか、そして基地を作って、いかに公害を垂れ流されたか、という恨みだけを持っています。エストニアに接しているサンクト・ペテルブルグ側のロシア人は、私たちが困難なときにもあれほど港湾の施設を作ってやったじゃないか、あれほど道路をよくしてやったじゃないか、といつも言っております。そういった対立の中でケートー研究所は、エストニア側の外交官、政治家、住民などいろいろ活動している人たちを招待したのです。そしてロシア側の外交官とか国会議員とかエストニアに接する住民と接触して、５日間にわたり合宿をするんです。そして両者が軍の基地とか対立した場所を一緒に歩いて、夜、食事をして、自国民に向けてロシアはいかに酷いかと言っていたエストニア人の代表者に、ロシア人の前で言ってもらう。そして逆のこともする。そういうことを議長のドクターがしながら、両者のささやかな認識を深めるという作業をしているわけです。

　結局、物事が非常に原則論で議論されるとき、常に私たちはリアリズムに戻らねばいけないというのが、私の生き方です。たとえば、羽仁さんの批判についても、荒井先生が、羽仁さんはAからBへ、BからAへと戻っていると指摘した

討論　103

ことは、ここで紹介された中だけで言うと、彼女は柳条溝の事件に対して客観的に認識するだけの力がなかったからだと思います。そこで一般論として、戦争はよくないという言い方をされたとしたら、そこに彼女の限界があったのではないでしょうか。一つ一つ物事を批判的に見る眼を、恵泉の学校教育の中でもしていかないといけないし、私たちが人に接する場合でも、そういった視点を求めることが罪の意識を持つことだし、この社会を変えていく一つの力になるのではないかと思います。

問題を整理し社会全体で考えること

　最後になりますが、聖書の引用がされながらの鈴木先生やジックモンド先生の話をお聞きしていると、なんとなく無神論者の根拠を言いたくなってしまうんですが、私はいろいろな地域の倫理学的な調査をします。本当に素晴らしいクリスチャンの方に会います。話を伺いながら思い出したのは、ブータンの山の中でファーザー・マッケーという神父に会ったことです。彼はカナダ人ですが、チベットからブータンへ、いわゆるチベット仏教圏に入って、見つかれば必ず逮捕される。そこで二十数年間の獄中生活を何度も送って、それでもなおかつもう1回ブータンに侵入してきました。彼は私に言いましたが、自分は神の教えをキリスト教の聖書によって教える必要はないんだと思っている。そう言って、ブータン人の服装のまま、ブータンのゾンカの言葉で子どもたちにテキストを作り、幼稚園を作りながら、一緒に生きて人生を終わっていこうとしています。そういった人に会うと同時に、私は多くの地域を見ながら、ああキリスト教さえなかったらこれほど社会は悪くなっていなかっただろうと思うことしきりです。

　たとえば、いろいろな地域でそれぞれの文化をキリスト教が暴力的に解体していっている歴史をまざまざと見るわけです。あるいは日本のカトリックでも、さかんに力を入れているのは受験高校です。そういったことについて知っている先生方に、なぜカトリックの現在の姿勢から見て受験高校をこんなに熱心に運営するんですか、と言ってもなかなか答えは得られません。

　結局、農耕社会が成立して、採取の社会から農耕の社会に移って身分制が

非常に激しくなって、矛盾が極限に達したとき、キリストにしても釈迦にしても、それにプロテストする形で登場した、私は神とは思っていなくて人だと思っています。そのプロテストした精神をこの社会の中で、教団として成立したものを生かしているのかどうか、私はどうも信じられないから、シンパではありますが、信者にはなりきれません。近代人の限界かもしれませんが、矛盾しているものをきちんと認識して、それを一緒に考えていくことしかないんじゃないかと思いながら生きているわけです。これくらいにしておきます。

質疑応答

司会（蓮見）■それではパネリストの先生方のお話はこれで一応終わりまして、皆さま方のご質問、ご意見をまとめて申し上げて、これについてまたお答えいただくことにします。

カトリック教会の過ちについて

司会■まず、マルクス先生に対して、カトリック教会は過去の犯した罪を公式に謝罪しました。しかし、そのなかには過去のローマ教皇の判断が間違っていたということまで言明したのかどうか。たとえば、ウルバヌス2世の回勅についてはどうなのでしょうか、というのが一つです。

　もう一つは、先ほど私の質問にお答えいただきましたが、さらに突っ込んだご質問があるんです。ミリタリー・チャプレンは個人の霊的な救済について役割を果たしているというお話があったかと思うんですが、しかし、どうもミリタリー・チャプレンのなかに偉い聖職者が入っていて、それがお祈りの中で「主よ、悪党を殺すことができるよう、私たちを助けたまえ」とお祈りしたと『ニューズウイーク』が報じているそうです。これは、マルクス先生の先ほどのお話とはちょっと違う、逸脱しているのではないかということで、お答えいただきたいと思います。

マルクス■過去の過ちを認めたのに、教皇が誤ったことを認めていないのではないか。そのとおりです。教皇が間違ったと確かに言っています。ただし、責任

の所在もはっきりしておりますから、教皇の責任を否定もしていないのです。しかも、これがミレニアム転換、千年期転換にあたって教会が過去を償うべきだし、それは明確に認めるべきだという発想から、教皇がこのような儀礼を行ったわけです。

　もう一つは、ウルバヌス2世のことは誤解でして、回勅ではなくて、これはお説教です。お説教ではいろんな言い過ぎもありうるわけですから。しかも彼自身の説教がそのままでなく、つまり実際に書かれたが、残っている資料が半世紀後のものですから、だいたい、十字軍に呼びかけた説教形のパターンをかなり反映しているのではないかと思います。

　第2の質問ですが、もしそのような祈りをしたのなら、はななだ遺憾と思います。間違いです。

9・11テロ事件とパールハーバー

司会■ありがとうございました。次にジックモンド先生への質問。私自身への質問ということにもなっているんですが、9・11テロ事件以降、キリスト教原理主義がアメリカで非常に台頭した。政治的発言権が強くなってきたんだけれども、太平洋戦争のパールハーバー攻撃の後にも同様な現象が起こったのかどうか。アメリカ国民は当時の日本をテロ国家として戦争したのかどうか。できたらお答えいただきたいということです

ジックモンド■まず最初に申し上げたいんですけれども、私は真珠湾攻撃の後に何が起こったかについては、専門家ではございませんので、かなり比喩があるかもしれません。9・11テロ事件、そして真珠湾攻撃、これはアメリカ人にとってキリスト教徒であろうがなかろうが、非常にショッキングな衝撃を受ける事件でありました。孤立主義というものは、長年アメリカの生活の一部でありました。しかしながら、それがそこでパッと開いたことになります。

　真珠湾攻撃ですが、あそこでは明らかに敵が攻撃をしたということです。ですから多くの人たち、キリスト教徒であろうがなかろうが、その敵に対して戦争しよう、それは正義であると正当化されていたわけであります。ですから日本に

対しての感情というものは、非常に強かった。テロ国家であったかどうかは言われていなかったと思います。真珠湾攻撃をしたということで敵であったわけであります。

戦争のコンセプトの中で、テロリズムというのは非常に難しい定義なんです。過去の戦争の定義に当てはめるということはかなり難しいわけです。多くの人にとって、とくにキリスト教の伝統の中では非常に混乱を起こすものであります。したがって原理主義の解釈というものが、キリスト教の中でも生まれてきたわけです。悪と敵。テロリストである敵と悪に対して、いろいろ議論が出てきた。多くの原理主義者以外のキリスト教徒が、世界はもっと複雑なんだと言い始めたわけです。いろいろメディアで読みますが、原理主義者などは非常に考えが狭くなってきている。そして非常に守りに入っているということは書かれております。

9・11テロ事件の後、多くのキリスト教徒は、イスラム教徒の中に共通の善を見るようになってきた。そしてイスラム教徒の中だけでなく、すべての宗教の中で平和を望む気持ちがあるということがわかってきたわけであります。これに対し実際に原理主義者の巻き返しもあったんですが、非常に強い平和への動きがありました。

さらにその反面、新しい複雑性に対して、たとえば宗教者、思慮の深い人に対して、すべての宗教の中で平和を求めるという人たちが9・11テロ事件以降、お互いに実際に対話をし始めている。新しい形で対話を始めているわけです。そういった両面が出てきているわけであります。9・11テロ事件がこの対話を直接誘導したのかはともかくとして、あの後、多くの人が宗教を超えてその話をしている。アメリカの中でもアメリカの外でも同じようなことを行っております。

私もアメリカNCCの宗教間評議会の議長を務めているんですが、イスラム教徒、仏教徒、キリスト教徒、アメリカの先住民とその人たちの宗教、そういった人たちが新しい理解を求めて対話をし始めているわけであります。9・11テロ事件後さらにそれが強化されてきている。原理主義者の声というものが、メディアでもすごく報告されているので目立っているわけです。

司会■最近アメリカの政治専門雑誌が、いろいろ調べて長い記事を出している

んですが、それによりますと、9・11テロ事件をパールハーバー攻撃と対比させるのは間違いだというか、それよりもむしろケネディ大統領時代、1960年代ですが、ご存知のようにキューバ・ミサイル危機がありました。あのときと似たような感情というか、そういうものをアメリカ国民に与えている。要するに、不安。パールハーバーというのは、ジックモンド先生がおっしゃったように、決定的でしたから、相手はファシズムの日本であるとはっきりしていたわけですけれども、テロはいうまでもなく相手が誰だかわからない、いつやられるかわからない。

キューバ・ミサイル危機の場合、キューバにソ連のミサイルが設置されたということははっきりしているんですが、すぐ攻撃されるわけではない。いつ攻撃されるかもしれないという不安をアメリカ国民に与えたということで、パールハーバーとは非常に違っているんだということを書いております。

私も今年9月にまたアメリカへ行ってまいりましたが、表面的にはかなり落ち着いてきたんですが、不安というものが非常に強いんです。漠然とした不安というか、それはパールハーバー以後とは全然違うと思うんです。

もう一つは、私はいろんな本屋を回って見て歩いたり、買い集めたりしてきましたが、アメリカの一部の宗教指導者が、この世の終わりが近いということを書いた本をずいぶん出しているんです。たとえば、『ハルマゲドン(世界最終戦争)への秒読み』とか『9月11日に神はどこにおられたのか』という本があります。神はアメリカを見捨てたのではないかという感じのことを書いているんです。『宗教が悪になる時』という本もあります。そういうものをアメリカ人が読むと、ますます不安になっていく。不安を沈静化させるべきなのに、一部のファンダメンタリストに近い指導者たちが、意図的に不安をかき立てているという面を非常に感じました。補足になるかどうかわかりませんが申し上げておきます。

ノン・クリスチャンをどう考えるか

司会■次に、荒井先生と鈴木先生の連名になった質問ですが、一つは現在、教会でされている宣教内容を見直すことなしには前に進めないと思う。プロテスタントでも第二ヴァティカン公会議で行われたような根本的転換が必要だと

思う。どう考えられるでしょうか。

　もう一つ別の方の質問で、多少関連しているかもしれませんが、クリスチャンとノン・クリスチャンを隔てているのは、キリスト教のバプテスマ（洗礼）であるが、これを受けることの意味はどのように理解したらよいのか。今の時点でということだと思いますが。

　もう一つは荒井先生にで、ちょっとはっきりしないんですが、キリスト教は戦争がなくなればよいというほど、生易しいことを問題にしているのではないという考えをどう思うか、とあります。

荒井■宣教内容の見直し。具体的にどういうことを考えてこれをお書きになっているのかわかりませんので明確な答えはできないかもしれませんが、たとえばキリスト教の信仰を簡潔にまとめたものに使徒信条（［資料3］参照）というのがあって、「我は天地の造り主」から始まっている。これが宣教内容だといたしますと、それを教会で信徒に、これをこのまま信じなければクリスチャンにはなれません、と使徒信条を提示する形での宣教のあり方に対しては、私は非常に懐疑的です。それは本当の意味の宣教にはならないだろうと思います。

　ところが非常に残念なことですが、私の知る限り、日本基督教団の最近の趨勢は宣教内容の明確化ということです。教団の信仰告白の中にもちろん使徒信条が含まれています。しかも告白文は、旧新約聖書は信仰と生活の誤りない規範である、と始まります。これを信じない者はキリスト教徒じゃないと考える方向のほうが強くなっているんです。それでは私の理解しているイエスが宣教した内容とはかなり違うんじゃないか。むしろ、野田先生がちょっとおっしゃったように、われわれが本当にこの世の価値基準において弱いと言われる人たちと、共に生きうるかどうか、つまりイエスの時代で言えば、罪人として差別されていた人とともに、一緒に食事をして、一緒に生活して、最後までそういう生き方を貫きうるかどうかということを、私はイエスが提示して、それに対する拒絶反応が十字架にかけるということだったと思っていますので、むしろそっちに強調点を置いたほうが、私は現代の宣教内容に相応しいと考えております。そういう意味での宣教内容の見直しは必要だろうと思います。と言っても、なかなか支

討論　109

配的にはなりません、残念ながら。

　次に、洗礼（バプテスマ）のことですね。これはよく聞かれることです。洗礼を受けるということがクリスチャン、ノン・クリスチャンを分けるので、バプテスマというのは結局、差別の障壁を作っているんじゃないかという質問をよく受けます。私は、バプテスマというのは救いの条件ではなく、救われたということの儀礼的行為でありますから、形の上でバプテスマを受けるとか受けないとかは本質的な問題ではないと思っています。もし、それに反対すれば日本の無教会の人々はクリスチャンじゃないということになります。それは僕はとても言えない。私の先生筋にあたる方々がみんな無教会の先生であったということもありますが、バプテスマというのは、自分がイエスに従うという決意を公に表明する儀礼でありますから、それはもちろん僕も受けました。しかも僕は受けてほしいと思っています。そういう形で自分の決意を公にすることは必要だと思っています。しかし、それは決してキリスト教徒になるための条件ではありません。そういう意味で、もしもバプテスマを受けなければキリスト教徒じゃないという人がいたら、僕は反対します。差別になっちゃいます。よろしいでしょうか。

司会■鈴木先生、補足していただくことはありますか。

鈴木■補足というか、最初の質問は私もよくわからなくて、私はまったくこういうことを考えてきた経験がないんですけれども、今のキリスト教というものが非常に狭く捉えられている。自分の魂の救いということに閉じこもった形の中で伝道が大事ですと言われているようなことで、これからの道は開けていかないと思っています。ただ、それはキリスト教会でまだマイノリティだと感じています。質問の意味がよく捉えられていない。宣教と伝道と違うということを、つい最近になって目を丸くして「ハア」なんて言っているような人間ですので、よくわからないんです。

　私は牧師の子どもに生まれたんですが、ずっと高校時代悩んでいたのは、まわりの人が熱心にキリスト教の洗礼を受けなさいと祈ってくれている。私はその人たちを尊敬しているし、好きだし、でもそうなれない。とても苦しみました。そのとき、自分は洗礼を受けるような信仰を確保するということは、神様がたぶん

決めてくださることだろうと思ったわけです。それでずいぶん楽になったし、私はYWCAというキリスト教団体でずっと学生時代から育てられてきて、今もそこに属しているんですが、その会員の3分の2くらいはノン・クリスチャンです。
　ただ、働きに共鳴して来ている。そういう人のなかで一緒にしていて、もしかすると、クリスチャンとノン・クリスチャンを隔てている一番大きな問題は、私はクリスチャンだという、なんともいえない匂いというか、いやな感じ、特別みたいな。それがいかにノン・クリスチャンを隔て、傷つけているかということを感じています。そういう中でノン・クリスチャンの人と一緒に聖書を読むときに、率直な読み方をその人たちがする。問題提起をしてくれる。そのことのなかで目を開かれていることが非常に多いわけです。「こんな残酷なことを神様は言うんですか。モーゼはこんなことを言ったんですか。詩編でこんな残酷なことを書いているんですか」みたいなことを率直に言ってくれるなかで、私は本当に何が真実なのかを、あらためて考えさせられるようになっています。
　私の属している教会では、たとえば聖餐式のときに牧師は、「どなたでも心に神を信じ、キリストを救い主とあがめる方はお受けください」と言葉で言いまして、もちろん無教会の方も大勢私たちの教会の建設に協力してくださって、私たちの教会の方向性をとてもはっきり示してくださっている方々がいらっしゃいます。なかにはノン・クリスチャンで洗礼を受けてないけれども、それにあずかるという方もいらっしゃいます。

ジックモンド■少し質問に答えることを試みたいと思います。私は同志社というキリスト教系大学に勤めておりますが、ほとんどの学生はキリスト教徒ではありません。キリスト教に非常に興味を持っている人もいますので、なぜ信者にならないのと聞くことがあります。キリスト教に関して非常にいい質問をするのです。それはあまりよくないから、キリスト教徒になれないと言うんです。キリスト教徒になるというのはどういうことか、より良くなれることなのでしょうか。そうだと思いますと言うんです。しかし、キリスト教徒は罪深き人のためのもの、自分が弱いと認めている人、自分が完全じゃないと認めている人のためのものだと思うんです。そのニーズを認識すると、共に集まって、学んで、お互い支え合いた

いという気持ちになるんです。ですからキリスト教とか洗礼というのは、自分がピルグリム（巡礼者）になりたいとか、求道したい、旅に出たい、自分の道を人生において、より意義深いものにするために、それを探求する人の道だと考えています。

聖書の実際に行われた教えの話ですが、ヨハネがキリストに近づいて、あなたはいったい誰ですかと聞きました。それには答えず、私のしていることを見なさいと言いました。目の見えない人は見えるようになり、貧困者はより良き席を受けるようになっています。ですから私の行動の結果を見てください。私に貼られたラベルを見るのではなく、私の行動の結果を見てくださいと言っています。すべての人、神よ、神よと言う人が必ずしも天に入ることができるわけではないんです。神の意思を実行する者のみ天に入ることができると言います。

私にとっても多くのキリスト教徒にとっても、その行動が大切なんです。どのように自分の人生を生きるか。自分が洗礼を受けているか、受けていないかはまったく問題にならない。アメリカの宗教史において、私どもはキリスト教徒になるということは、キリスト教の特徴を身につけることです。キャラクター、特徴という意味ですが、これは全体としてキリスト教徒なのであるということ。精神的なこともありますし、また全人的な人格があるということです。そのような人が、多くのキリスト教徒が、洗礼を受けているとか受けていないとか、教会に属している、属していないということではなく、教会に日々行っていること、自分の人生をどのように生きているか、どのような人物であるか、どのような人格であるかとうことが、キリスト教徒であるためには大切だと、アメリカではよく話しています。

鈴木■キリスト教というのは、戦争に反対する以上のものだろうという質問がありました。荒井先生がお答えになると思ったのですが、素人の大胆さで言います。確かにキリスト教というのは戦争反対が教えではないけれども、逆ではないと思っています。つまり、自分の救いというものだけを考えて、不公正とか戦争に対して、何もしないというのではない。

戦責告白の主体は誰か

司会■李先生と野田先生を中心にというご質問がありまして、敗戦後の日本基督教団の戦責告白の中に、「私ども」とか「私たち」の罪について告白している。この「私ども」とか「私たち」というのには、私たちの子どもたちも含むのですか。キリスト教は父の罪、祖父の罪、同胞の罪を子どもに負わせるのですか、という質問です。

李■聖書の中では個別的な罪が問われています。旧約もそう言っているわけです。しかし、私が今の洗礼の問題も、私の恩師を通して、貧しい人が幸いであるという言葉に初めて触れてびっくり仰天するんです。キリスト教に私がつまずいた最初の言葉です。結果的にその意味を探る聖書への興味をそそられました。そしてキリスト・イエスに合わされた者はユダヤ人もギリシア人もない。これはちょうど戦時、日本人も朝鮮人もない。その言葉に促されて、教会の交わりの中に兄弟姉妹の深い交わりを経験しました。私が肺結核で苦しんでいるときに、私の側に立ってくれたのはやがて戦死するんですが、日本の医学生だったのです。

そういう交わりのなかで得られる行為としての洗礼があったんですが、後で実は冒頭に申し上げたように、「岩城政雄」という日本名で生き切ろうとして、それは特高刑事の訪問を受けたり、当時の厳しさが作用するんですが、同志社大学におられた尹東柱さんのように、あえて恥じるものは何もないと、福岡の刑務所に行くような生き方ではなくて、逆を行った。戦争に協力した日本キリスト教団とか教会の総体が持っている責任というものは、ものすごく大きなものがあると思います。

ですから、礼拝の前の行為の中に、東方遥拝という、天皇教と言いますか、今でも残渣が残っているわけですが、この間、中学の同窓会に行ったら、ボーイスカウトのリーダーの役割をした高校の先生上がりの引退した男が、30年一生懸命励んだことに対して賞を頂いたときに、たまたま皇太子がいたらしいんです。声をかけられたそうです。そのことに触れる自己紹介の場面でウルウルしちゃっているんです。こういう人情は日本人に本当に根深い。これは日本の国家

討論

そのものが天皇制を頂点にした家族主義的擬似宗教体だからと考えます。ですから、擬似宗教体にコミットして犯した犯罪に関しては、誰もがそこで自分の罪責に目覚めるように導かれない限り、平和を実現することは厳しいと思います。

　われわれ、という告白をどう受け止めるか、といったときに、そういう意味においては神学者のブルンナーが言ったように、国民の名で戦争に勝利することを祈る、そういうことのなかであえて誰もが戦争に加担する、しかも被支配者までが侵略に加担する。アジア民族に銃を向ける構造に仕上がっていた、私個人の深みにおける罪責は、戦後それが経緯で実は神学を学んで聖書の世界に入ってやろう、と方向転換をしました。後から罪責の問題が来たんです。

　今、私はキリスト者としてどう生きるかということの基本的な原点は、「ローマの信徒への手紙」8章に書いてある呻きという言葉だと思います。全被造物が救いを求めて呻いていると。9・11テロ事件以降、すべての世界が呻いているとも読めます。キリスト者が呻かないかといったら、神の子、キリスト者も歴史の中で呻くんだと書いてあります。痛みに参加するということがない限り、キリスト教がこの世に意味を持つものには絶対ならない。ましてや神の霊ですら呻きながら。神の霊が呻き指し示す彼方に、実は十字架に無惨に殺されて敗北した一人の男がいたという、その生きざまを、われわれが今の時代どう生きるかといったときに、ぎりぎり側にいる侵略された者たち、殺される者たち、あるいは弱者として位置づけられている状況を見据える。歴史をただ無意識に見るのではなくて、力関係の中で力を加える者と加えられる者との位相をきちっと見極めながら、弱者に追い込まれていく人々の側に立つ。今、鈴木先生がいみじくも指摘するように、われわれも戦争に加担している費用のほんの5分の1くらいで、世界の貧困国家が救えるということがはっきり見えているにもかかわらず、戦争に突っ込んでいく人間の罪業の酷さを認識することが、これからの人類にとって、非常に重要だろうと思います。

　家永三郎さんが、最低限、人間は自らの罪業に目覚めることはできるんだ、という言葉を残された。仏教をリサーチしてそういう結論に達したらしいんです

が、そういう意味のある言葉をつなげていくことが、平和を創るということの出発点かと思います。

司会■今のご質問で最後の1行に、戦責を告白し、懺悔すべきなのは、戦争に行った日本人なのではないですか、というのがあります。これは野田先生がすでにお答えになっているような感じですが、補足すべきことはございますか。

野田■たとえば、罪責告白をきちっと質問の方は見てください。「私ども」という言葉はいろいろな形で使っています。私どもの教会と言っていますから、これは教会です。私どもではありません。私どもの教会は続いているわけですから、それは責任を持たないといけないことには、質問者は異議がないんじゃないでしょうか。私どもの教会というのは、日本基督教団で、戦争前、確かに軍事国家であり、中国の侵略をずっとやっていましたけど、いわゆる宣戦布告をしていなかった。1941年6月、教団創立のときの信徒の生活信条には「本教団に属する信徒は、万世一系の天皇を奉戴する臣民として、皇運を扶翼し奉り、国体の成果を発揚せんことを努むべし」と書いてありますから、戦争を祈るのとは関係ありません。イエスの神に祈る前に皇国臣民で天皇教でないといけないと宣言しているわけですから、これが「私どもの教会」であります。もし、「私ども」と自分との関わりで読むとすれば、ここの文章は、私どもは見張りの使命をないがしろにしました、と書いてあります。皆さんが信仰するときは、当然見張りの使命をいま持ち続けないといけないのではないでしょうか。そうでなければ、これについて教会に信者としてあるということは、自分の役割をさぼっているということになるんじゃないでしょうか。

共産主義の罪について

司会■野田先生にはもう一つ質問があるんですが、これはちょっと今回のシンポジウムのテーマから外れるのじゃないかと思うんです。簡単に申し上げますと、共産主義というものもずいぶん人を殺し、人を奴隷化し、悪いことばかりやってきた。だからこのシンポジウムで共産主義の罪というものも取り上げないのは不十分なのではないかという感じのことをおっしゃっておられるんです。こ

こまで私どもが手を広げすぎますと、あと1日、2日シンポジウムをやらないと終わりませんので、お答えできないと思うんですが、野田先生。

野田■私はソ連型の共産主義も日本の天皇制もキリスト教がモデルだと思っています。キリスト教の唯一神、そしてキリスト教の儀礼をいかに取り入れていくかということをやりました。ソ連の共産主義もメーデーをやり、パレードを行い、そして異端を排除するコミンテルンを置いて、すべてあれはキリスト教がモデルだと私は思います。なにも私だけの意見ではなくて、ベルジャーエフとかそういう人たちの考え方もそうです。

　日本の近代も必死になってキリスト教のモデルを取り入れていって、国家神道を作ったと思います。そういう意味ではキリスト教に全部責任があるのかもしれません。これは冗談ですが。ただ、共産主義もものすごく多くの不幸を生み出しました、ソ連の粛清の中で。だから私はグランドセオリー、世界を一気に認識しようとするセオリー、人類が500万年かかって作ってきた個々の文化との関係において、常に緊張を持っていると思います。だから私は自分の個人的なことですが、自分の人生でいいことは大してできなくても、悪いことをしないで一生が終われればいいんだろうと思います。そういう意味では大思想家になることはたいへん恐ろしいことだと、カール・マルクスを見ながら考えますね。

「主こそいくさびと、その名は主」に対するコメント

司会■次は、旧約聖書の「出エジプト記」15章3節に「主こそいくさびと、その名は主」(The Lord is a man of war : the Lord is his name) という言葉が出ています。この句に対するコメントをどなたからかいただきたいということです。

ジックモンド■これは旧約聖書です。旧約聖書の多くの部分は、ヘブライ人の話として、彼らがエジプトのくびきから解き放たれる部分を描いているわけで、非常に軍事的な言葉が使われています。私は今あなたが引用した箇所以上に広く読んで、文脈の流れを捉えなければいけないと思います。おそらくヘブライ人が彼らの神は戦いの神だと考えたのでしょう。常に彼らの味方の立場に立

ち、エジプトから出るときに彼らを守ってくれるというふうに考えたかったわけです。聖書には矛盾した箇所があります。部分によっては背景がまったく違うわけです。ですから、聖書の中でいろいろな話の時代が異なり、書く人も違っているわけです。

　キリスト教徒によっては、聖書の中で良い部分だけしか取り上げない人もいます。たとえば、私は女性が権威をもっていると思わないですね、聖書のことを教えるということに関して。「テモテへの第二の手紙」にそういった箇所が出てくる。しかし、聖書のすべての箇所が同様に理解されなければいけないと私は思いません。すべてが同じ量の真実に裏づけられなければいけない。なぜ使徒パウロがその時代にそう言ったかは理解できると思いますけれども、私は現代社会に生きているので、その現代社会の立場で聖書を読んでいかなければいけない、と私は考えます。

李■私は誰に対しても永遠の課題だと思うんですが、文脈に即してそこで生まれたメッセージを今の歴史文脈で語らなければならん。その悪しき事例を紹介させていただきます。横田めぐみというお嬢さんだったら日本人の誰もがご存知だと思います。北朝鮮によって拉致されました。そのお母さんが、クリスチャンであるということです。早紀江さんと言うんですが、支える祈り会がこの間ありました。私は北朝鮮に拉致されたということは、私が韓国籍だから関係ないのでなくて、朝鮮民族のルーツを持っている者としても非常に深いショックだけでなくて、痛みを覚えて、なかなか祈り会に顔を出すことが気持ちのうえで困難だったんです。にもかかわらず、今、拉致問題を中心にして流れている日本の国家方向に対して危機感を覚えてあえて参加したときに、この祈祷会で牧師さんが、非常に保守層に属している、おそらくブッシュの戦争を支持するタイプの日本の牧師だったと思うんですが、詩篇94編を読むんです。「主よ、報復の神として顕現し全地の裁き人として立ち上がり、誇る者を罰してください」。そういうテキストを読んで、後で祈る場面で和解の働きとか平和ということを祈ったら、そういうグループに属している人たちが、もはや祈る言葉を失う現状がアメリカだけでなくて日本にもあるのかなと思いました。私はこういう流れをどう平和に

もっていけるか、と考え込みました。そのことに関しては北朝鮮が日帝の植民地支配の抵抗勢力として、60年代まで正当性を持っていたんだけれど、70年代から始まった世襲制度、南北の独裁政権が手を握って厳しい抑圧の体制を敷いて、その間にいつの間にか北は日本人の拉致をし遂げてしまったのです。

　これはパウロ・フレイレーというブラジルの教育学者が、癒しの手を私に差し伸べてくれたんですが、被抑圧者が自分で力を取ったときに、統治のモデルを探して必ず迷い込む道は支配と抑圧をしてきたモデルを一生懸命に学ぼうとする。したがって多くの場合、抑圧的な体制を作ると言うのです。おそらく社会主義の政権もそのような流れの中に置かれていたのではないかと私は考えます。

　したがって、力をどう行使するかということが争点であってはならない。むしろそれぞれがどんな状況であれ、自分が取り返すことのできない間違いを犯してしまうことに気づくべきです。とくに国家間のこういう問題について、いつの間にか北朝鮮の脅威のせいにして、有事立法まで作り上げてしまった今の日本にこそ、韓国の人や中国の人がむしろ憂慮しているのです。

　日本の皆さんがそのへんのことに対してもうちょっと深い認識を持って、拉致一色だけでなくて、さきほど申し上げたように「平壌宣言」そのものが北東アジアの平和と安全保障体制を求めているわけですから、そのゴールを目指すべきです。平壌宣言に村山元首相の植民地支配に対するお詫びがあります。そして北の金正日国防委員長が口頭で、拉致したことを詫びたということでもって、相殺はできないと思うんです。

　被害者はずっと歴史を継いで、たとえばアメリカがアフリカから数百万の奴隷を拉致していった犯罪は、今もアフリカの人たちによって問われるわけです。日本人が免責されるかということは、別の道に立たない限りありえません。問われ続けているという構造の中で初めて戦争とかぶつかり合いとか、核兵器を日本も持てるみたいな、変な暴言を吐く道筋ではない平和を求める冷静な道をとることがこれから始まっていかなければならない。目を開けたらテレビを見るのが怖いくらいな雰囲気を超えられる道筋がないだろうか、平和をわれわれキリスト者がどこかで作り出さないと。報復の神という言を文脈の違うところで読む

のは決定的な間違いだと思います。

『心のノート』に対する恵泉女学園大学の責任

司会■最後のご質問ですが、これは荒井先生と書いてあるんですが、石井学長にも関係するかもしれません。文部科学省が作ろうとしている『心のノート』。それに恵泉女学園大学の教授が関わっている。それについて恵泉としてどういうふうに考えていくつもりか、ということです。それは教授の自由だと思いますが。

質問者■それは私の主張です。今日『心のノート』3冊持ってきています。私は恵泉女学園の卒業生で、中学から大学までの10年間を恵泉女学園で過ごし、その後5年間を恵泉の史料室で働きました。大学の卒業時点で私がしたことは、拙いながら天皇制下のキリスト者、恵泉女学園における「河井道の場合」というところに視点を置いて卒業論文を書きましたが、実際のところ、どこまで深められたか、課題が多く残っています。

　ただ、私は恵泉女学園の歴史を、そもそも平和のためにできた学校であるということを踏まえて、戦争のときには他の学校と同じく国家に加担しました、というこの一言では決して済ませてはいけない。つまり戦時下に何をしたか、ということはもっと研究されるべきであると思うし、拙い学部生の卒論だけで終わらせていいことであるとは私は思っていません。

　その後、私が恵泉の史料室で働くことができ、5年間にきちっとした史料室が形として設けることができた、という流れに関して私はたいへん喜ばしいことだと思っています。ただし、過去の歴史を振り返るのであれば、なぜ戦争に加担しなければいけなかったかというところを問い続けている私であれば、『心のノート』という今日起きている、戦争に向かっていく一つのテキストに関して、どうしてもこの恵泉女学園の場で考え、共に問題を共有してほしいと思っています。

　このことを学校の先生たちはどのくらい重く受け止めているのか、知らなかったのであれば知らなかったということで結構ですので、お答えいただければと思います。

司会■私は知りませんでした。後で見せてください。

質問者■この『心のノート』は生徒に配られたものに関しては、どなたが書いたということは一切出ていません。ただし、教師用に配られたものには、しっかり名前が明記されていますから、もしこの問題に関心のある先生が一人でもこの学校にいれば、それを確認することができたと思います。

石井■どこかの段階で恵泉の先生が関わっておられるのではないかということは確かに聞きました。それを忙しさにまぎれて、きちんと追及しないでここまで放置したことに対し、私は今、責任をつくづくと感じています。これからきちんと調べて対応したいと思います。

司会■まだご質問はあるんですが、時間がありませんので省略させていただきます。これで終わりたいと思いますが、司会者の義務として一言、まとめということは、私の能力を超えることでございますので、私の独断と偏見であえて一言申し上げます。

　世界平和とキリスト教の関係を考えていく場合に、一番重要なものは、国家主義および宗教的原理主義との対決だろうと思います。そしてそれと関連して、世界のキリスト者の信仰の質と真贋というものが厳しく問われているんではないかと感じます。時間がありませんので、細かいことは申しませんが、日本でもこれからますます国家主義の方向へ突き進んでいきますし、いずれ平和憲法が改悪され、軍事国家化が実現していくのではないかというように考えます。遠からず日本のキリスト者はまたまた、天皇陛下かイエス・キリストか、どちらを取るんだという踏み絵と言いますか、そういうものが問われるキリスト教徒受難の時代がくるのではないかということをおっしゃる人もいます。

　そういうことに対して、われわれは覚悟を決めていかなければいけないし、準備をしていかなければならない。どんな準備をしたらいいのかということは、今日のシンポジウムで先生方がおっしゃったことから皆さん、汲み取っていただきたいと思います。それでは、これで今日のシンポジウムを終わりたいと存じます。どうも長時間ありがとうございました。

●まとめ

現代社会における
キリスト教の役割

蓮見 博昭

　まず世界平和の定義について、平和とは単に戦争がない状態ではなく、正義と公平の実現する社会こそキリスト教が目指す平和であるという点で、シンポジウム参加者全員の意見はほぼ一致しました。このため、軍事力による「国家安全保障」から離れて「人間的安全保障」への転換が求められており、そのためキリスト教徒も努力すべき時が来ている点でも広い合意が見られました。

キリスト教の功

　次に、「キリスト教の功罪」の「功」の面に関しては、①キリスト教神学が貪欲と悪徳に満ちた人間の性質を抑制することを平和の前提としてきたこと、②キリスト教徒は平和運動のまとめ役、つなぎ役として評価されてきたこと、③女性キリスト者は女性の特性を生かして平和を増進してきたこと、などが指摘されました。一方、「罪」をめぐっては、①キリスト教会は歴史的にも政府に迎合して戦争に賛同してきたこと、②被支配民衆や少数民族の抑圧に加担して平和を妨げてきたこと、③それらについて反省・懺悔をおろそかにしてきたこと、などが強調されました。

　アメリカ人プロテスタント神学者のバーバラ・ブラウン・ジックモンド氏によれば、「キリスト教神学は、すべての人間が（貪欲と悪徳に満ちた）人間の性質を抑制する方法を見出す場合にのみ平和が来ると述べて」おり、キリスト教徒にとって、これは「イエス・キリストに従っていくことを意味します」。また、女性と

平和とキリスト教の間の結び付きにはアメリカを中心に長い歴史があるとされ、女性平和運動組織は、女性たちが、①エスニック的・宗教的・政治的・文化的な分裂の橋渡しをすることに熟達している、②共同体の鼓動を知る指を持っている、③正式な権威のあるなしにかかわらず共同体の指導者である、④紛争を防止し、停止し、それから立ち直ることに非常に適している、と主張しており、これは十分考慮に値するとされています。

　プロテスタント信徒で日本キリスト教協議会（NCC）議長の鈴木伶子氏も、「正義と平和」の問題に対し、キリスト教界では世界的なネットワークを活用した取組みが行われていて、戦争や災害に対し、世界教会協議会と世界ルーテル連盟などが作った組織が素早い救援活動を行い、アジア地域ではアジア・キリスト教協議会が弱者の人権のために取り組んでいることを紹介しました。ことに、キリスト者の働きとして、「つなぎ」の役目が注目されるということです。日米防衛協力強化に関する「新ガイドライン」や有事法制への反対活動に際し、キリスト者が呼びかけるのなら一緒に参加できるという労働組合からの要望に応え、分断された組合に代わりキリスト者ネットと宗教者ネットが呼びかけ団体となり、5万人規模の集会開催に成功しています。キリスト者が自らの利益を求めないことが「つなぎ」の役を可能にしたと評価されました。

　ジックモンド氏によると、女性の平和への努力で一番有名なものは、ジェーン・アダムズ（シカゴでハル・ハウスというセツルメント・ハウスを創立した社会改良家）が「女性平和党」を結成した1915年に開始されました。この党は後に「女性国際平和自由連盟」となり、急速に世界的な組織になって、今日では女性の平和運動組織として依然世界最強です。また、アメリカでは5年前にハーバード大学ケネディ政治大学院が「女性平和運動研究所」を開設しました。女性国際平和自由連盟もハーバード女性平和運動研究所もとくにキリスト教的ではなく、すべての宗教の女性や無宗教の女性を含んでいます。しかし、ジックモンド氏は、これらの組織の始まりがキリスト教の伝統に深く根ざしていたと信じているとのことです。

　さらに、在日韓国人牧師の李仁夏氏は、「今世紀に入る前、ローマ・カトリッ

ク教会のヨハネ・パウロ2世(教皇)の悔い改め運動でパリに百万の若者を集め、①異端を焚刑にした罪責、②十字軍を立ち上げた罪責、③ホロコーストへの沈黙の罪責、を告白した。そして、イスラムのモスクを訪れて和解の握手をさせてもらった。これこそが、キリスト教の世界平和への貢献の入口を示している」と強調しました。同氏によれば、韓国教会の成長は民族的悔い改め運動(1907年)から始まって、抑圧的な日本帝国主義の植民地支配への抵抗運動になりえたと言います。

キリスト教の罪

これに対し、「功罪」の「罪」については、まず鈴木氏が次のように指摘しました。「イエスの死後、キリスト教はローマ帝国の国教になり、力と富を持ち、異教や異端とみなすものを排除し殺害してきました。小さな外来宗教である日本のキリスト教会も、その社会的地位を安定させようと、政府に迎合し、とくに植民地支配下で不当な支配に抵抗する朝鮮キリスト者を日本のキリスト教会が抑える役をしました。朝鮮総督府が皇民化政策の一環で神社参拝を強要したときには、『神社は宗教ではないから参拝してもかまわない』と言い、あくまで拒否する朝鮮キリスト者を死に追いやりました。日本国内でもホーリネスを切り捨てたのです。イエスが一番大事なものとして教えられた『神のみを神とする』ことを捨てた結果、『隣人を愛す』ことも捨て、自らの安全と引き換えに隣人を死に渡したと言えます」。

無宗教の精神医学者である野田正彰氏はさらに、敗戦から12年を経た1967年にようやく日本基督教団は総会議長、鈴木正久の名のもとに「第二次大戦下における日本基督教団の責任についての告白」を行ったが、この告白は議長名で行われただけであり、キリスト者一人一人の反省へ広がっていったとは言いがたいと批判しました。しかも、この告白においても、「まさに国を愛するが故にこそ」という国家主義の残滓を含む弁明から始めているし、その後キリスト者が戦争犯罪の歴史を詳しく学んでいったわけでもなかったと述べ、「日本

国民一般の否認と健忘をキリスト者の多くも共にしている」と強調しました。

　また、フィリピン人歴史学者のレスリー・バウゾン氏は、16世紀から19世紀末までのスペイン人によるフィリピン支配が、低地のキリスト教多数派と、高地や遠隔島嶼のイスラム教徒など非キリスト教少数派の間の絶対的な社会的分裂をもたらし、カトリック教会は、社会のエリートに味方し、自ら地主と金貸しになって富を蓄積してきたことを明らかにしました。その結果、遠心的な諸力がフィリピン国民国家を弱体化し、国民的統一の達成と維持を妨げ、経済発展に不可欠な安定した国民国家の建設を困難にし、同化は戦争しかもたらさなかったと言います。

　他方、新約聖書学者の荒井献氏（当時、本大学院研究科長）は、「世界平和を創出するために『正義の戦争』を認めるか否かをめぐって、キリスト教の功罪は聖書解釈と不可分の関係にある」と述べ、戦争認否の聖書的典拠について原理主義的解釈とキリスト論的解釈があり、相手を剣で切りつけることを認めているイエスの言葉は、ルカのイエス理解が反映しているので、戦争を否認するイエスの立場によってこれを批判的に読まないと、キリスト論的解釈でもナイーブな原理主義に傾くと警告しました。

正戦論について

　「正義の戦争」論（正戦論）については、ドイツ人カトリック神学者のハンス・ユーゲン・マルクス氏が、歴史的経緯と最近の動向を詳しく説明し、第二ヴァティカン公会議で採択された「現代世界憲章」は、「有効な権限を備えた普遍的公権」（強力な国連など）が確立されるまでの間は、「平和的解決のあらゆる手段を講じたうえであれば、政府に対して正当防衛権を拒否することはできない」と正戦論の要を再確認している旨紹介しました。ただ、各種大量破壊兵器の使用は「正当防衛の範囲をはるかに超える多大な無差別の破壊をもたらす」としているということです。

　これに対し、ジックモンド氏は、「20世紀の戦争は、歴史的なキリスト教戦争

論のすべてを打ち破り、それらに挑戦するに至りました。マルクス教授が述べたように、戦争の抑止力として使うこと、核戦争を行うこと、または対テロ戦争を遂行することという考え方は『正戦』論を利用する議論をますます困難にします。過去の前提はもはや適用しない」と反論しました。討論の部分でも、現代における正義の戦争を容認できるかどうかが議論の一つの焦点になりました。マルクス氏は、カトリック教会の立場として、各国政府に対し自衛権まで否定することはできないと述べ、自衛のための戦争は正戦として容認せざるをえないことを示唆しました。しかし、従軍牧師がその戦争の勝利のため祈ることは間違いであると指摘しました。

また、キリスト教徒だと言いながら、戦争を肯定し、それに協力していくような考え方の人々、キリストの教えを忘れてしまっているような人たちにどう対応していけばよいかの問題も提起されました。これについて鈴木氏は、自分が議長をしているNCCの中に、戦争の問題に触れず、戦争に反対しないグループもあることを紹介し、その人たちとは、それを対立構造にしないで対話をしていくよう心がけていると語りました。それに関連して、日本の平和運動は、自分だけが正しいと思ってしまい、キリスト教の中でも一部のグループは問題提起が対立構造になってしまって、対話がまったく行われていないことが非常に悲劇だろうと述べました。

さらに、現代のキリスト教会の宣教内容、信仰内容の見直し、洗礼の扱い、共産主義・社会主義の問題にも質疑が及びました。それについて、荒井氏は、日本基督教団の最近の趨勢が、宣教内容の明確化ということで、教団の信仰告白の中に使徒信条が含まれ、これを信じない者はキリスト教徒ではないと考える方向が強くなっていることは非常に残念だと述べました。また、洗礼がキリスト者と非キリスト者を隔てる壁になってはならないという点で、パネリスト方の意見はほぼ一致しました。野田氏は、ソ連型の共産主義も日本の天皇制もキリスト教がモデルだと思っていると語り、また、いろいろな地域でそれぞれの文化をキリスト教が暴力的に解体してきた歴史を見ると、キリスト教の責任は極めて重いと言わざるをえないと結びました。

感想

　結局、現代において世界平和とキリスト教の関係を考える場合、一番重要なのは、世界的に台頭する国家主義および宗教的原理主義との対決だと言えるのではないでしょうか。そして、それと関連して、世界のキリスト教徒の信仰の質ないし真贋が今まさに厳しく問われ試されていると言えましょう。アメリカなどでは、キリスト教原理主義者を中心とする保守的プロテスタント（いわゆる福音派）が国家主義を強く支持してきたことが、いろいろな戦争を宗教的に正当化し、促進する結果になってきました。日本でも、戦前、戦中はもちろん、敗戦後でもキリスト教会の国家主義への接近・傾斜は連続して見られます。これらに共通するものは何なのでしょうか。信仰の弱さ、強靱な信仰・正しい信仰の欠如ではないでしょうか。

　キリスト教は政治に対する「見張り役」にならねばならないと強調されています。日本は今後ますます国家主義の方向へ突き進み、平和憲法の改定や軍事国家化が実現していくのではないでしょうか。そのようなとき、日本のキリスト教徒は誠に少数で弱々しいが、見張り役にはなっていけるのではないでしょうか。遠からずまたまた天皇陛下とイエス・キリストのどちらを取るか迫られるキリスト者受難の時代が来るのでは、とも懸念されています。そのような今、在日大韓基督教会が、戦時下の苦い体験を踏まえて、戦後「憲法」を制定、その中で「虚偽の生活をするよりもむしろ良心に従って殉教することが当然である」とはっきり記したことが想起されます。日本人キリスト者もそのくらいの覚悟が必要でしょう。

［資料１］日本基督教団の「決戦下伝道実施要綱」

　拝啓、陳は七月十八九両日世田谷区祖師谷日本基督教団農村教化研究所に於て開会せられし決戦下伝道指導者協議会は富田統理者（鈴木総務局長出張不在）村田教学局長植村婦人事業局長を初め勝部伝道局長金井顧問各参事及び各方面より招集をうけたるもの三十三名集まり二日間に亘り、時恰もサイパンの報道に接し全員非常なる決意の下に熱誠なる必勝の祈祷を捧げ真剣なる協議を重ねたる結果教団伝道の大方針に基づき左の如き決戦下伝道の指針を得たるにより、秋期伝道は全国的にこの指針に従ひ強力なる伝道の実践により尽忠報国の実績を挙ぐる様切願する次第である。
　昭和十九年八月

日本基督教団伝道局長　勝部武雄

　尚八月二十九（火）、三十日（水）両日東京都世田谷区祖師谷所在日本基督教団農村教化研究所に於いて国内全教区伝道委員長会議を開き各教区に於ける計画具体案を作り初秋より熱心なる祈祷の準備を以て陣容を整へ全国的に決戦下伝道戦線の展開をなすにより切に全教会一体たる協心協力を求む。

決戦下伝道実施要綱

(一) 大祈祷会の開催（教区支教区教会に於て）
　（１）皇軍必勝のため
　（２）大東亜建設完遂のため
　（３）教会の信仰復興のため
　（４）秋期伝道のため（聖霊の降臨を仰ぎ熱祷を捧ぐる事）
(二) 伝道は秋に全力を注ぐ
(三) 信徒常会中――左の場合は請求により伝道局より講師派遣
　（１）信徒（特に役員）修養を目的とする場合
　（２）伝道精神昂揚を目的とする場合
(四) 秋の伝道は左の伝道に重点を置く
　（１）教会伝道――出席数にかかはらず教会堂を最大限に活用する為め、信徒常会主催で一ヶ月一度ずつでも伝道会を開く事、空家の感を抱かしめざること
　（２）家庭伝道――家庭礼拝厳守（礼拝暦活用のこと）家庭伝道会を開き、主として家族親戚に伝道すること、吾が国「家」の本義の精神を活用すべし
　（３）学校・工場伝道――学校伝道は方策委員会の方針により文部省と連絡をとる。工

場伝道は地方々々にて機会をとらえて其道を開く。牧師の徴用勤労奉仕を利用して伝道する
- (4) 婦人会への期待——男子に代って婦人が教会を死守する様期待する
- (5) 文書伝道——教団伝道紙たる「新生命」の利用
- (6) 平信徒伝道——牧師の応召、徴用等、之を補ふ為めに平信徒、起ち上がって証言せよ

秋期伝道指針

一、礼拝に就て
- (イ) 主日礼拝の徹底的厳守（公礼拝を死守すること）原則的には全国一律午前十時に教団所属教会は悉く公礼拝を守り皇国必勝大東亜建設のため熱祷を捧ぐる事
   但し信徒の決戦下事情により早天、夕拝等臨機執行する事
- (ロ) 主日礼拝に出席の機会を失へるもののため週間中の礼拝、聖餐式等を工風する事
- (ハ) 婦人の活動及礼拝出席（積極的態度を望む）、男子に代りて教会の責任を能ふ限り婦人が分担し礼拝にも一家の代表として出席する事（祈の母が全教会の中心となるまでに）
- (ニ) 献金奨励、信仰生活かん養の一助として
  - 一、凡ゆる場合に於ける臨時献金
  - 二、日本基督教団のためを忘れぬ様指導する事
  - 三、大東亜伝道の幻をみつめる事

二、秋期伝道に就て
   小集会本位、家庭中心、家本位、家庭訪問、家拝指導、隣組への伝道、信徒常会、聖書輪読
   伝道に於ける強調点
- (イ) 伝道者自身福音の勝利への確信把持
- (ロ) 基督とその十字架
   捨身の戦法、義のためには十字架をも恐れず、祖国の救のためには生命を捨つるが基督者の本領である事
   十字架の勝利、正義の勝利、聖戦への確信、十字架生活、動議生活の高潮

決戦下に於ける伝道

家庭信仰養成の問題

- (イ) 戦時下教会出席困難の折、家庭集会特に家庭礼拝を守る事を奨励し信仰の失はれぬ様留意する事

これには家庭暦の使用をすすめ、時に牧師が出張指導する事
(ロ)　訪問伝道にも家庭暦を活用する事
(ハ)　婦人こそ家庭信仰の中心なるを以て特に主婦の信仰培養のため（日々の力）の如きを教団にて制定の必要
(ニ)　教会には極力家族連にて出席する様奨励する事
　そのため一週間のプログラムを礼拝に出席し得る様準備工風せしむる事
(ホ)　会員の誕生日、受洗記念日又命日等を機会に訪問、文章等によって信仰養成又は伝道に留意する事
　この中、昇天者の紀念会の守り方、日時等信仰の常識となるやう教団が式文の制定と同時に定められたき事
(ヘ)　基督者家庭の子供には特に信者の家庭後継者たる自覚を与へるため日曜学校等にても特別の訓練又は組を作る事
(ト)　疎開者の信仰の失せぬ様に地方の教会が都会の信者の疎開の世話をし地方教会と結びつくるため留意する事
(チ)　国民儀礼、敬神崇祖の問題、我が国固有の家庭の基督教化のために敬神崇祖を積極的に重んじ垂範する事
　大麻はこれを受領し丁重に取扱ふ事

学校伝道に就て
一、目標としては基督主義学校、高、専、大学、中等学校、国民学校などの他工場に勤務中の学徒及び戦地にある学徒を考慮に入れるべきものとす
宣教内容要点
(一)　死生観　(二)　戦争観　(三)　国家観　(四)　道義観　(五)　宗教観
(一)　死生観
　(1)　戦場に於ける最後の場合又急なる場合、短い聖句或は讃美歌の一節一句が念頭に鮮かに浮かんで力着ける経験を聴く
　　死生観を説くに当って短かい聖句を印象的に訴へることを適当とす
　　例へば「主よ御旨をなさせ給へ」の如き。
　(2)　日本基督者にして戦場にありて卓抜なる勲功を樹てし者、立派な最後を遂げしもの多し。死生観に関する論議よりも実例を以て訴へるを可とす
　　かかる実例を蒐める必要あり
　(3)　死生観と父母との連関、国体を守る意識など説くがよい。忠孝一本の力説なり、右の問題に関し注意すべき諸点
一、御勅語又は御勅諭の解釈に就ては既に定まりある基本的解釈に従ふべきものにして、之を基督教的の見地より別解釈することは絶対に慎しむべきこと

二、戦争観につき、講演会後の質問には注意すべきもの多し。中には戦争目的につき幾分質疑をいだくものもあれどこれは宣戦の大詔に明かであり且つ大東亜共同宣言に依るべきことを知しむること、特に共同宣言は国民間に未だ徹底せざる憾みあれば高潮する事
かくて既に明かなる戦争目的を更に実践的に権威ずけ力ずけるため基督教の貢献すべきを説く、即ち錬成の道としての基督教を高潮する事
かかる宣教の態度はいく分福音宣教の本義と遠ざかる感なきにあらざるも、学校に於ける伝道と云う制約に留意するとき止むを得ざるものとす。更に進んでの福音宣教は教会に於ける伝道に委譲又は関係ずけることにより果たすべき事

(中略)

工場伝道に就て

(一) 工員に伝道するものはとかく説教による事では反感をもたれ易い。やはり工員と一緒に働く人でありたい
(二) 寮などで親睦の会合があるやうな場合には何か激励になる様に述べて欲しい
(三) 工員のみならず経営者側にも伝道の必要なる事
(四) 人形芝居、紙芝居を利用して間接に訴へてゆくことが有効である
(五) 歌ふ人を伴って歌を指導しては説教するのが有効である。バンド、慰問隊を編成すること
(六) かくして伝道した人々を如何にして教会に結びつくるか
(七) 大詔奉戴日等に講演者を送ることを信徒の経営する工場に受容れさせること
(八) 幹部、労務課との懇談会を開かせること

[資料2]「第二次大戦下における日本基督教団の責任についての告白」

　わたくしどもは、一九六六年一〇月、第一四回教団総会において、教団二五周年を記念いたしました。今やわたしどもの真剣な課題は「明日の教団」であります。わたくしどもは、これを主題として、教団が日本及び世界の将来に対して負っている光栄ある責任について考え、また祈りました。

　まさにこのときにおいてこそ、わたくしどもは、教団成立とそれにつずく戦時下に、教団の名において犯したあやまちを、今一度改めて自覚し、主のあわれみと隣人の許しを請い求めるものであります。

　わが国の政府は、そのころ戦争遂行の必要から、諸宗教団体に統合と戦争への協力を、

国策として要請いたしました。

　明治初年の宣教開始以来、わが国のキリスト者の多くは、かねがね諸教派を解消して日本における一つの福音的教会を樹立したく願ってはおりましたが、当時の教会の指導者たちは、この政府の要請を契機に教会合同にふみきり、ここに教団が成立いたしました。

　わたくしどもはこの教団の成立と存続において、わたくしどもの弱さとあやまちにもかかわらず働かれる、歴史の主なる神の摂理を覚え、深い感謝とともにおそれと責任を痛感するものであります。

　「世の光」「地の塩」である教会は、あの戦争に同調すべきではありませんでした。まさに国を愛する故にこそ、キリスト者の良心的判断によって、祖国の歩みに対し正しい判断をなすべきでありました。

　しかるにわたくしどもは、教団の名において、あの戦争を是認し、支持し、その勝利のために祈りつとめることを、内外にむかって声明いたしました。

　まことにわたくしどもの祖国が罪を犯したとき、わたくしどもの教会もまたその罪におちいりました。わたくしどもは「見張り」の使命をないがしろにいたしました。心の深い痛みをもって、この罪を懺悔し、主にゆるしを願うとともに、世界の、ことにアジアの諸国、そこにある教会と兄弟姉妹、またわが国の同胞にこころからのゆるしを請う次第であります。

　終戦から二〇年余を経過し、わたくしどもの愛する祖国は、今日多くの問題をはらむ世界の中にあって、ふたたび憂慮すべき方向にむかっていることを恐れます。この時点においてわたくしどもは、教団がふたたびそのあやまちをくり返すことなく、日本と世界に負っている使命を正しく果たすことができるように、主の助けと導きを祈り求めつつ、明日にむかっての決意を表明するものであります。

　一九六七年三月二六日　復活主日

　　　　　　　　　　　　　　　　　　日本基督教団総会議長　　鈴木　正久

[資料3]「使徒信条」

　我は天地の造り主、全能の父なる神を信ず。我はその独り子、我らの主、イエス・キリストを信ず。主は聖霊によりてやどり、処女（おとめ）マリヤより生まれ、ポンテオ・ピラトのもとに苦しみを受け、十字架につけられ、死にて葬られ、陰府（よみ）にくだり、三日目に死人のうちよりよみがえり、天にのぼり、全能の父なる神の右に座したまえり、かしこより来たりて、生ける者と死ねる者とを審きたまわん。我は聖霊を信ず、聖なる公同の教会、聖徒の交わり、罪の赦し、身体のよみがえり、永遠（とこしえ）の生命を信ず。アーメン。

あとがき

　恵泉女学園大学大学院が開設以来毎年行ってきた国際シンポジウムの第3回目のテーマを何にしようかと話し合ったときに、とてもすんなりと「世界平和とキリスト教の功罪」に決まった。9・11以後の世界の激変の中でこの問題にきちんと取り組まねばならない、との強い思いがあったことはもちろんだが、同時に2003年度末に退職される荒井献・蓮見博昭両教授にぜひ中心になってシンポジウムを準備してほしいという願いもあったからである。大学院では荒井教授は「宗教と共生」を、蓮見教授は「キリスト教とアメリカ社会」をテーマに研究指導をされてきた。この長老教授2人と宗教学の笹尾典代助教授の3人で準備委員会を作り、会議を重ね、講師の交渉をし、2日間のプログラムを無事に終え、今回このような報告書をまとめるに至った。準備委員会からの依頼に快く応じてくださった講師の方々に感謝すると同時に、この3人の教授の労を多としたい。

　シンポジウムの中での野田正彰さんからの痛烈なキリスト教批判の言葉は、今でも私の心に鮮明に焼き付いている。アジア太平洋戦争の過程で、日本の諸宗教教団は、揃いも揃って自主的に侵略を煽っておきながら、戦後に「軍部の圧力の下で戦争に加担した」といった程度の反省ですまし、その後、どうしてそうなってしまったのかについての丹念な検証もしないままに忘却してしまい、自分たちに都合のいい物語を作っている、キリスト教団もその例外ではない、という指摘である。とくに、大きな教団の動きとしてではなく、自分の属する教会の小さな集団の中の先輩たちが、どうして戦争に協力してしまったのか、天皇制に絡めとられていってしまったのか、についてのきめの細かい分析をし、そこから私たち自らが自分の問題として学ぶことをしていない事実を突きつけられた。恵泉女学園の戦時下の歩みについても私たちはきちんとした検証を行わなければならない時に来ていると思われる。幸い2004年度の平和文化研究所の共同研究プロジェクトとして、「河井道の平和思想」が発足した。2004年度は1929年の学園創設までを研究対象としたが、2005年度以降には1930・40年代を扱うことが課題となろう。この共同研究プロジェクトが継続され、よき成果が生まれるよう切に願っている。

　シンポジウムの議論の中で、ジックモンドさんが、9・11以後のアメリカで、平和を作り出すための「宗教間対話」が始まっていると指摘されたことに注目したい。シンポジウム

で問題になった、カトリック教会の1965年の第2ヴァティカン公会議は、ぎりぎりのところで正戦論を肯定したとのことであるが、この会議は同時に他宗教に対する排他的な考えを放棄するという極めて重要な決断をしたのである。自分たちの宗教や宗派のみが真実であり、他のすべてを虚偽の宗教として排除する態度が誤っていることは、信教の自由が人間の自然権として認められた近代社会においては当然のこととされてはいる。しかし、排除しないまでも、他宗教を自分たちが信じている唯一の真実の教えに対する予備的な役割をする一段と劣っているものと位置づけて、差別するケースも多い。他の宗教や諸文化の伝統をそれ自体に価値があるものとして認め、対話を通して相互に自分自身の立場をはっきりと知り、むしろ自己を創造的に変革する契機にしていくことが重要だと思うのである。ある客家の中国人研究者に話を聞いたことがあるのだが、彼らは世界各地に移民として散っていっても客家としてのアイデンティティは決して失わない、そればかりかそのアイデンティティは、世界各地のさまざまな文化との接触を通していっそう豊かで明確なものになるのだと語った。また文化は孤立しているとやがて衰退していき、命を失うのであって、他の文化との接触の中で生き生きと蘇生していくのだとも語った。ここにヒントがある。平和のための宗教間対話は、単なる相互理解の域を超えた意義を持つものである。信仰は実存的行為であって、形骸化した教義に固執するのであってはならない。教義自体も他宗教から学び、創造的に変革されていくべきものであろう。相互に学びあい、変革されていくなかに宗教的共生があり、平和が作り出されていくのではなかろうか。

　このシンポジウムから、私たちはここに述べたことの他にも考えなければならない多くの課題を与えられた。今後も決して希望を失わずに、平和を作り出す地道な研究と教育、そして実践を続けていきたいものである。

恵泉女学園大学大学院研究科長　石井摩耶子

筆者（シンポジウム参加者）略歴

鈴木 伶子（すずき・れいこ）
現在、日本キリスト教協議会（NCC）議長。津田塾大学卒業後、関東学院中学、女子聖学院高校で英語教諭。日本YWCA総幹事を経て、2000年以来、現職。主要著作は以下のとおり。
・『ひろしまを考える旅』共著（新教出版社、1985年）
・『いのちを深く考える』共著（キリスト新聞社、1990年）
・『仕えあう出会いの喜び』共著（YMCA出版、1991年）
・『最後の国民学校生』共著（凱風社、1995年）

ハンス ユーゲン・マルクス（Hans-Jurgen Marx）
現在、南山大学学長。ドイツ生まれ。聖アウグスティヌス哲学・神学大学卒業、鎌倉の上智大学日本文化センターで日本語ならびに日本の文化・歴史を学ぶ。ローマのグレゴリアナ大学大学院神学研究科で組織神学を専攻、神学博士号取得。主要著作は以下のとおり。
・"Ist Christus der einzige Weg zum Heil ?" Steyler Verlag, 1991
・『宗教の人間学』共著（現代思想社、1994年）
・「古代キリスト論の意味を現代に問う」『カトリック研究』第36号（1979年）
・「自立主体の発見――古代キリスト教の遺産」『南山神学』第24号（2000年）
・『『人間の尊厳』――ルネサンスの貢献』『南山神学』第23号（1999年）

野田 正彰（のだ・まさあき）
現在、関西学院大学教授。北海道大学医学部卒業、長浜赤十字病院精神科部長、神戸市外国語大学教授などを経て現職。精神病理学専攻。主要著作は以下のとおり。
・『コンピューター新人類の研究』（文芸春秋社、1987年）大宅壮一ノンフィクション賞
・『戦争と罪責』（岩波書店、1988年）
・『させられる教育』（岩波書店、2002年）
・『聖ロシアの惑乱』（小学館、1998年）
・『犯罪と精神医療』（岩波現代文庫、2002年）

バーバラ・ブラウン・ジックモンド（Barbara Brown Zikmund）
現在、同志社大学大学院アメリカ研究科教授。ビロイト大学（アメリカ）卒業、デューク大学でアメリカ教会史を研究、博士号（Ph D）取得。会衆派（組合派、United Church of Christ）牧師。シカゴ神学大学研究部長、ハートフォード神学大学学長などを務める。主要著作は以下のとおり。
・The Living Theological Heritage of the United Church of Christ (1)-(6) (Pilgrim Press, 1995-2001)
・Clergy Women : An Uphill Calling, (Westminster Joho Knox Press, 1998)
・Faith and History : Church History, (1997)
・"Reflections on My Twenty-five Years in Theological Education" (Theological Education, 2000)
・"Women's Ministries within the United Church of Christ", Religious Institution and Women's Leadership, (University of South Carolina Press, 1996)

レスリー・E・バウゾン（Leslie E. Bauzon）
現在、フィリピン大学教授（筑波大学客員教授として滞日中）。シリマン大学（フィリピン）、ステットソン大学大学院（アメリカ）で歴史学を専攻。デューク大学大学院（アメリカ）で博士号（Ph D）取得。1971年以来、現職。主要著作は以下のとおり。
・Deficit Government: Mexico and the Philippine Situado, 1606-1804 , (The Center for East Asian Cultural Studies, 1981)
・The Filipino Nation: A Concise History of the Philippines USA, Joint Work (Grolier International, 1982)
・A Comparative Study of Peasant Unrest in Southeast Asia Singapore, (Institute of Southeast Asian Studies, 1991)
・In Search of Historical Truth, Quezon City, (Philippine National Historical Society and Heritage Publishing House, 1992)
・「フィリピン国民国家における農地改革と農村開発」山田睦男抄訳『発展途上国における農村開発（CAS連携研究成果報告1）』所収（国立民俗学博物館地域研究企画交流センター、1999年）

李 仁夏（In Ha LEE）
現在、在日大韓基督教会 川崎教会元老牧師、社会福祉法人青丘社理事長。韓国生まれ、15歳で渡日、東京、カナダ・トロントで神学を修める。1952年以来、在日大韓基督教会牧師、アジアキリスト教協議会（CCA）民族・人種問題顧問、世界教会協議会（WCC）委員、日本キリスト教協議会（NCC）議長、米国長老教会平和を創る5人委員会委員などを歴任。主要著作は以下のとおり。
- 『寄留の民の叫び』（新教出版社、1979年）
- 『明日に生きる寄留の民』（新教出版社、1987年）
- 『自分を愛するように』（日本基督教団出版局、1991年）
- 『寄留民の神学〔キリュミンエ シンハク〕』（大韓基督教書会、1998年）
- 「三・一独立運動と韓国キリスト教会」『三・一独立運動と提岩里事件』共著（日本基督教団出版局、1989年）

荒井 献（あらい・ささぐ）
現在、恵泉女学園大学および東京大学名誉教授、日本学士院会員、キリスト教史学会理事長。東京大学大学院人文科学研究科西洋古典学専攻博士課程満期退学、ドイツ・エルランゲン大学神学部留学、同大学より神学博士号取得。青山学院大学助教授、東京大学教養学部・同大学院人文研究科教授、恵泉女学園大学学長、同大学大学院人文学研究科長などを歴任。主要著作は以下のとおり。
- Die Christologie des Evangelium Vertatis: Eine religionsgeschichitliche Untersuchung, (Brill, Leiden, 1964)
- 『原始キリスト教とグノーシス主義』（岩波書店、1971年）
- 『新約聖書の女性観』（岩波書店、1988年）
- 『聖書の中の差別と共生』（岩波書店、1999年）
- 『荒井献著作集』全10巻、別巻Ⅰ（岩波書店、2002年）

石井 摩耶子（いしい・まやこ）
現在、恵泉女学園大学教授・同大学院人文学研究科長。お茶の水女子大学文教育学部卒業、東京大学大学院修士・博士課程 社会学国際関係論専攻修了、博士号（学術）取得。英国ケンブリッジ大学客員研究員、独協大学教授などを経て、1988年より恵泉女学園大学教授、2002〜2004年同大学学長。主要著作は以下のとおり。
- 『近代中国とイギリス資本──19世紀後半のジャーディン・マセソン商会を中心に』（東京大学出版会、1998年）
- 『20世紀の戦争とは何であったか』共著（大月書店、2004年）

笹尾 典代（ささお・みちよ）
現在、恵泉女学園大学および同大学院助教授。ボストン大学（アメリカ）教養学部卒業、同大学院宗教・神学研究科で宗教社会学を専攻、筑波大学大学院修了、博士号（文学）取得。1998年より恵泉女学園大学に勤務、2001年より同大学院助教授を兼任。東京大学文学部・同大学院人文社会学研究科 非常勤講師を兼務。主要著作は以下のとおり。
- 『太陽神の研究』共著（リトン社、2002年）
- 『世界の民衆宗教』共著（ミネルヴァ書房、2003年）
- "New Fire Ceremony" in The Oxford Encyclopedia of Mesoamerican Cultures, David Carrasco, ed. in chief (New York: Oxford University Press, 2001)
- 『グローバル化と民族文化』共著（新書館、1997年）
- 「メソアメリカの暦体系の解釈」『宗教研究』第302号（日本宗教学会、1994年）

蓮見 博昭（はすみ・ひろあき）
現在、恵泉女学園大学名誉教授
東京外国語大学 欧米第一課程卒業。時事通信社のロサンゼルス、ニューヨーク、ロンドン各特派員、解説委員、出版局長などを経て、1989年以来、恵泉女学園大学教授、アメリカ政治を担当、2001年以後、同大学院教授を兼任。04年定年退職。主要著作は以下のとおり。
- 『宗教に揺れるアメリカ──民主政治の背後にあるもの』（日本評論社、2002年）
- 『戦後アメリカ外交の軌跡』共著（勁草書房、1997年）
- 『G.W.ブッシュ政権とアメリカの保守勢力』共著（日本国際問題研究所、2003年）
- 『9.11以後のアメリカ政治と宗教』共著（梨の木舎、2004年）

世界平和とキリスト教の功罪
過去と現在から未来を考える
恵泉女学園大学大学院 国際シンポジウム

2004年11月30日　第1版第1刷発行

監　修……荒井　献
編　者……蓮見博昭・笹尾典代
発行人……成澤壽信
編集人……西村吉世江
発行所……株式会社 現代人文社
　　　　　〒160-0016　東京都新宿区信濃町20　佐藤ビル201
　　　　　電話：03-5379-0307（代表）　FAX：03-5379-5388
　　　　　Eメール：daihyo@genjin.jp（代表）　hanbai@genjin.jp（販売）
　　　　　Web：www.genjin.jp
　　　　　振替：00130-3-52366
発売所……株式会社 大学図書
印刷所……株式会社 シナノ
装　丁……加藤英一郎

検印省略　Printed in JAPAN
ISBN4-87798-236-1　C1016
©2004　恵泉女学園大学・大学院

本書の一部あるいは全部を無断で複写・転載・転訳載などをすること、または磁気媒体等に入力することは、法律で認められた場合を除き、著作者および出版者の権利の侵害となりますので、これらの行為をする場合には、あらかじめ小社または編者宛に承諾を求めてください。

平和の種を運ぶ風になれ。

私たちの力がいつか平和という名の花園を——
恵泉女学園大学　URL http://www.keisen.ac.jp/univ/

■人文学部　日本文化学科／英米文化学科／国際社会文化学科／人間環境学科
■大学院　人文学研究科　■平和文化研究所　■園芸文化研究所

〒206-8586 東京都多摩市南野2-10-1
TEL.042-376-8217（入試広報室）　FAX.042-376-8652